亲历者 旅游书架

Follow Me

《亲历者》编辑部 编著

★ 年年修订 ★

成都深度游

慢·旅·行·的·倡·导·者

中国铁道出版社有限公司
CHINA RAILWAY PUBLISHING HOUSE CO., LTD.

图书在版编目（CIP）数据

成都深度游 Follow Me /《亲历者》编辑部编著 . —2 版 . —北京：中国铁道出版社有限公司，2020.5（2021. 8 重印）

（亲历者）

ISBN 978-7-113-26610-3

Ⅰ. ①成… Ⅱ. ①亲… Ⅲ. ①旅游指南－成都 Ⅳ. ① K928.971.1

中国版本图书馆 CIP 数据核字（2020）第 016572 号

书　　名：**成都深度游Follow Me**
作　　者：《亲历者》编辑部

策划编辑：聂浩智
责任编辑：王　宏
版式设计：东至亿美
责任印制：赵星辰

出版发行：中国铁道出版社有限公司（100054，北京市西城区右安门西街8号）
网　　址：http://www.tdpress.com
印　　刷：中煤（北京）印务有限公司
版　　次：2014年1月第1版　2020年5月第2版　2021年8月第2次印刷
开　　本：660 mm×980 mm　1/16　印张：14　字数：280千
书　　号：ISBN 978-7-113-26610-3
定　　价：59. 80元

如何使用本书

景 区

精选成都35个热门目的地，囊括成都旅游精华。

景区概述

用简练的语言，让读者对景区有一个整体认识。

微 印 象

精选自媒体平台、旅游网站上旅行者对景区做出的价值性点评，让读者对景区有一个初步的认识，确定旅游目的地。

基本信息

包括门票价格、景区开放时间、最佳旅游季节、进入景区的各种交通方式等实用信息。

景区星级

从美丽、浪漫、休闲、人文、特色、刺激6个方面给景区评级。

二维码

扫描二维码获取景区更多、更新资讯。

景区示意图

标注景区出入口、游览线路、观光点、景区配套设施等信息。

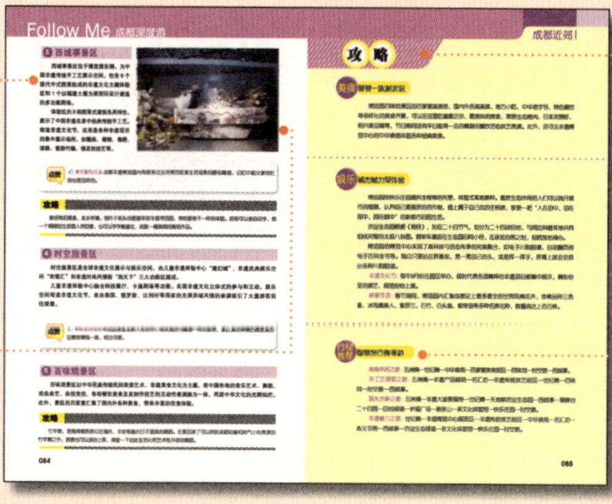

子景点

观光点的详细介绍，并配有实用攻略、小贴士、旅友点评等丰富的资讯。

图 片

选取精美图片，提升现场感，提供摄影参考。

景区攻略

包含住宿、美食、购物、娱乐、景区内部交通、旅游注意事项等，丰富且实用。

行程推荐

提供合理、实用的景区游览方案。

导 读

提供成都的基本背景信息，让读者先认识目的地，再开始旅行。

爱上城市

若干幅精美大图，让读者对目的地建立感性印象。

城市概览

以图文形式，梳理城市的地理、历史、文化等知识，让读者对目的地建立初步认识。

读懂城市

以专题的形式，介绍一些文化主题，让读者对目的地产生更深刻的认识。

成都，来玩就要有深度

成都的慢生活

成都是座慢悠悠的城市，慵懒、闲适是这里的品性。在成都，晒太阳、打麻将、喝茶聊天……仿佛才是正经事。

“头上青天少，眼前茶馆多。”四川人爱喝茶，尤其“坐茶馆”是成都人的一种特别嗜好，似乎已成了生活的一部分。在成都，不论是风景名胜，还是闹市街巷，处处有茶馆，茶馆之多，世界第一。在成都的茶馆，你不仅能细品茶香，静享人生，还能看到精湛的茶艺。

老成都的味道

成都是亚洲首个国际“美食之都”，川菜作为我国八大菜系之一，在我国烹饪史上占有很重要的地位，它菜式多样、调味多变，以麻辣鲜香为最大特色。川菜馆早就遍布全国各地，只要口味地道，就会客似云来，生意兴隆。

成都还有各种原料制成的火锅，各种风味的小吃，像钟水饺、龙抄手、棒棒鸡、担担面、串串香等，都深受欢迎。

成都，是慢生活的代表，是吃货的天堂。它是“中国十大历史文化名城”之一，拥有3000年左右的建城史、100多年的建都史。

走在成都的街头，不难发现此地茶馆和饭馆之多，多到让人无处可躲。无论是公园竹林雅致的茶馆，还是河边露天的茶铺，或是装修高档的典雅茶楼，你随时可以坐下来品一杯茶，晒一晒太阳，看看周围来往的行人，享受一个安逸的午后。

待到入夜，这座城市的华灯亮起，热闹时尚的气息夹杂着浓浓的古蜀氛围，让你在恍然间有一种穿越历史的错觉，回到那“晓看红湿处，花重锦官城”的遥远岁月。

成都还是中国最佳旅游城市之一，拥有都江堰、天府广场、武侯祠、杜甫草堂、青羊宫、文殊院、昭觉寺等众多历史名胜古迹和人文景观，其承载着的几千年历史，让这座西南城市处处弥漫着浓郁的巴蜀文化氛围。

冠绝天下的川剧

成都是我国的戏剧之乡，素有“蜀戏冠天下”之誉。川剧是我国重要的地方剧种之一，在我国戏曲史上具有十分独特的地位。

“唐三千，宋八百，数不完的三列国。”川剧剧目繁多，广为流传的名戏有《白蛇传金山寺》《玉簪记》等。川剧幽默风趣，表演精湛，动作含蓄隽永，器乐帮腔独具特色。

目录 contents

速读成都 001-027

第1章 028-073 成都市区

第2章 074-121 成都近郊

第3章 122-153
都江堰周边

第4章 154-179
邛崃周边

第5章 180-216
蓉城古镇

示意图目录

速读成都

爱上成都

悠闲韵味的天府之国

闻名遐迩的熊猫故乡

南方一隅的林海雪原

麻辣鲜香的美食之都

成都概览

成都每月亮点

成都地理

成都历史

成都美食

成都多彩旅行

成都市区三日游

成都西北郊三日游

读懂成都

蜀汉兴衰：历史文化名城

蜀绣：穷工极巧

茶馆荟聚：摆龙门阵

麻将文化：闲适生活

诗歌：与诗结缘

川剧变脸：艺术瑰宝

川菜：舌尖上的麻辣

熊猫故地：黑白相间的小可爱

悠闲韵味的天府之国

成都是一个风光旖旎多姿的城市，是一个气候宜人的城市，是一个洋溢着浓厚文化气息的城市，是一个让人身心放松的城市，是一个来了就不想走的城市。成都作为一个休闲之城，无论是最繁华的商业街区，还是幽深的小巷，你都能闻到空气中飘浮着浓浓的川味；在府南河畔，一杯茶，一张报，一桌麻将，一缕阳光，一下午的闲聊甚至闭目养神，处处可见成都人的那份惬意和休闲。

闻名遐迩的熊猫故乡

四川是国宝大熊猫的故乡，到四川，一定不能忘了看熊猫。近水楼台先得月，成都拥有全世界水平最高的熊猫繁育研究基地和熊猫动物园。你可以在熊猫基地观察生活在“别墅”中的熊猫；可以在动物园看栅栏里的熊猫；或者在宁静秀美的园区，一边品茗小憩，一边看远处憨态可掬的大熊猫啃竹子，看机灵慵懒的小熊猫挂在树杈小憩。

075

南方一隅的林海雪原

成都西岭雪山风景区被誉为南方的林海雪原，雪景美到你无法想象。而坐落在此的西岭雪山滑雪场，则是我国南方规模最大、档次最高、设施最完善的大型高山滑雪场，是很多滑雪运动爱好者的首选之地。

麻辣鲜香的美食之都

成都是“美食之都”，汇集了川内各种地方小吃的精华。成都人的生活幸福指标更多的是建立在美食的基础上，因此，形成了成都餐饮业多元的丰富格局。川菜作为全国八大菜系之一，以其独特的香辣口味著称。成都的名小吃如钟水饺、龙抄手、夫妻肺片、廖排骨、棒棒鸡、担担面、查渣面等也成为全国特色小吃的一大代表。

成都每月亮点

1月（1月底至2月初）
推荐游玩：成都诗圣文化节
地点：杜甫草堂

2月（腊月二十九至正月十六）
推荐游玩：成都大庙会
地点：武侯祠

3月（3月中下旬）
推荐游玩：国际桃花节
地点：龙泉桃花沟

4月（4月5日）
推荐游玩：清明放水节
地点：都江堰

5月（5月上旬）
推荐游玩：园林鉴赏采风活动
地点：易园园林艺术博物馆

6月（农历五月十五）
推荐游玩：赛歌会
地点：望丛祠

7月（7月上旬）
推荐游玩：国际动漫嘉年华
地点：东郊记忆

8月（8月上旬）
推荐游玩：客家水龙文化节
地点：洛带古镇

9月（9月下旬）
推荐游玩：成都文化四季风·欢歌庆秋
地点：成都市区

10月（10月6日）
推荐游玩：三国文化节
地点：锦里古街

11月（11月10日至12日）
推荐游玩：中国马术节
地点：金马国际马术体育公园

12月（12月下旬）
推荐游玩：成都火锅文化月
地点：宽窄巷子、春熙路等

人口：约 1604.5 万人（2018 年）
面积：约 12098 平方千米
民族：以汉族为主，少数民族人口较多的有藏族、回族、彝族、羌族等。

成都地理

地形

成都市地处成都平原腹地，地形复杂，以平原为主，平原、丘陵、山区三种地形各占约 1/3。成都地貌丰富多样，西北高，东南低。西部为邛崃山脉，层峦叠嶂，有很多 4000 米以上的高峰，海拔落差巨大，地貌丰富。东部为龙泉山脉和盆中丘陵，龙门山脉纵贯南北。境内海拔最高处为西岭雪山的苗基岭，海拔 5364 米；而位于金堂县东南的云合镇河谷海拔最低，仅 378 米。成都市河网密度大，锦江、府河、沙河穿流而过，河流纵横，沟渠交错，库、塘、堰、渠，星罗棋布。

气候

成都市气候属于亚热带季风性湿润气候，气候温和，四季分明，冬暖夏凉，春秋长。成都全年多云雾，日照时间短。夏天虽无酷暑，但空气潮湿，稍显闷热；冬天虽无严寒，但阴天居多，空气潮湿，稍显阴冷。春秋气候适宜，适合旅游。成都雨量充沛，夏季多暴雨，出门需常备雨伞。

成都历史

春秋战国时期

春秋时期（前 4 世纪），古蜀国开明五世（一说九世）废帝号称王，迁都赤里（今成都上南大街一带），建立庙宇，成都首次成为都城。

周赧王五十九年（前 256 年），蜀郡郡守李冰主持修建了都江堰水利工程，使用至今。成都平原从此沃野千里，风调雨顺。成都因此被誉为“天府之国”。

两汉魏晋

汉武帝建元元年（前 140 年），蜀郡太守文公羽在成都建立了中国最早的地方官办学堂“文翁石室”。

221 年，刘备称帝，定都成都，国号汉，史称“蜀汉”，与魏、吴成三国鼎立之势。263 年，蜀汉被魏攻灭。

唐宋时期

唐玄宗天宝十五年（756 年），因安史之乱，玄宗入蜀避居成都。成都成为中原人士的避难所，促进了经济文化的繁荣。

北宋大中祥符元年（1008 年），中国最早的纸币——交子开始在成都民间发行流通，这是商人之间交易的支付凭证。

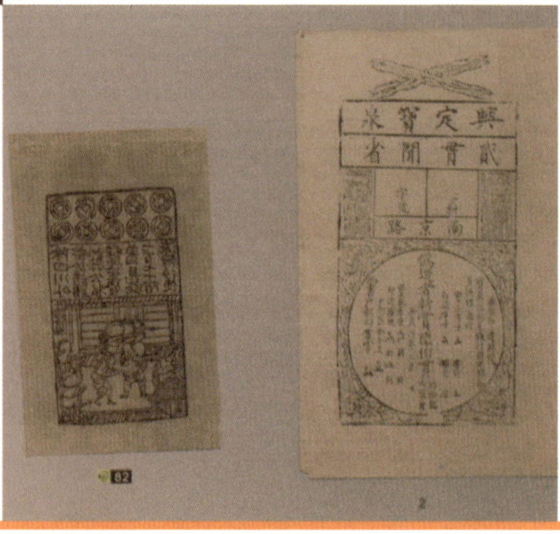

元朝时期

元至元二十三年（1286 年），元朝中央政府在成都设置“四川等处行中书省”。从此成都一直是四川省的最高军政治所，也是政治文化中心。

明清时期

明崇祯十七年（1644 年），张献忠率军攻入成都，自立为帝，国号大西，称成都为西京。随后清军攻入四川，与张献忠的大西军在成都激战。

清顺治十一年（1654 年），顺治帝将四川布政使司改为四川省，四川省名在历史上正式出现。

近现代

1911 年 6 月，成都发起保路运动，保路运动和其后的武装起义是辛亥革命的先导，为武昌起义的成功立下大功。

1921 年，成都、华阳两县合并为市。这一大变革，是成都向近代化迈进的开始。抗战爆发后，四川成为抗日的大后方，成都人民为这场伟大的民族解放战争做出了巨大的贡献。

1949 年 12 月 27 日，中国人民解放军占领成都。1950 年 1 月 6 日，成都市人民政府成立。

成都美食

成都美食众多，对于成都人来说，美食也是生活里重要的组成部分。而成都人的热情，也造就了成都餐饮业的高度发达，到了成都不吃美食，总让人有入宝山空手而回的感觉。这里有各式各样的川菜，以鲜香麻辣口味著名。

钟水饺

钟水饺始于1893年，以其独特风味蜚声海内外，是成都著名小吃。在用材上，钟水饺与北方水饺的主要区别是全用猪肉馅，不加其他鲜菜，上桌时淋上特制的红油，微甜带咸，兼有辛辣，口感丰富。

哪里吃：钟水饺，成华区建设路53号附10号

龙抄手

龙抄手是成都著名的小吃，其主要特色是皮薄、馅嫩、汤鲜。抄手皮用的是特级面粉加少许配料，细搓慢揉，擀制成“薄如纸、细如绸”的半透明状。肉馅细嫩滑爽，香醇可口。龙抄手的原汤是用鸡、鸭和猪身上几个部位的肉，经猛炖慢煨而成。原汤又白、又浓、又香。

哪里吃：龙抄手，锦江区城守街63号

三大炮

三大炮有香甜可口、不腻不粘又化渣的特点，且价廉物美。三大炮的主要食材为糯米、红糖、芝麻、黄豆，口味香甜。

哪里吃：李长清三大炮，武侯区九品街10号

赖汤圆

赖汤圆创始于 1894 年，迄今已有百年历史，一直保持了老字号名优小吃的质量，其色滑洁白，皮粑绵糯，甜香油重，营养丰富。

哪里吃：赖汤圆，锦江区总府路23号

麻婆豆腐

麻婆豆腐的材料主要有豆腐、牛肉末（也可以用猪肉）、辣椒和花椒等。麻来自花椒，辣来自辣椒，这道菜突出了川菜“麻辣”的特点。其口味独特，口感顺滑。

哪里吃：陈麻婆豆腐，青羊区东华门街51号

一品天下美食商业街

一品天下美食商业街是代表成都美食文化和餐饮最高水平的美食街。拥有深厚的美食文化底蕴，多家知名餐饮旗舰店汇聚，营造出浓厚的美食氛围，比较有名的川菜馆有文杏酒楼、红杏酒楼、周大妈夕阳红精品川菜馆等。

怎么去：市内可乘坐地铁7号线到一品天下站下

老妈兔头

老妈兔头起源于成都市双流区，老妈兔头品相整齐、肉质细嫩、味道醇正、回味醇香。

哪里吃：25年老字号双流老妈兔头，锦江区青石桥北街3号

成都多彩旅行

如果旅行中没有多彩的亲身体验环节，整个行程多少会显得有些枯燥。而成都可以让我们体验到“慢生活”的乐趣。除了大大小小的茶馆，我们还可以体验掏耳朵、看可爱的大熊猫、在小酒馆里听曲……

顺兴老茶馆品茶看剧

来到成都，一定要去茶馆里喝茶体验成都人的慢生活。顺兴老茶馆的装修融合川西古典风格与现代时尚元素于一体，在这里可在用餐、品茶的同时，欣赏到川剧变脸、吐火、滚灯，甚至茶技绝活等多种民俗表演，零距离感受“天府之国”的神韵。

掏耳朵

在成都有一群“掏耳朵”的民间手艺人，他们在各大茶馆里、戏台边为人们提供采耳服务，被称为“小舒服”，整套工具做下来，让人感到特别舒爽。

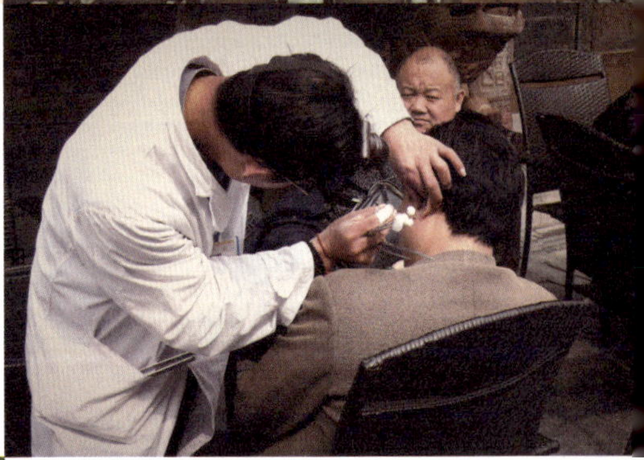

看可爱的大熊猫

来到成都，不能错过可爱的国宝大熊猫。大熊猫繁育研究基地是距离市区最近的熊猫参观地，共饲养100多只大熊猫，你可以隔着栅栏或玻璃窗观看熊猫们的生活，幸运的话，到婴儿产房还可以看到刚出生的熊猫宝宝。

工业风拍照

东郊记忆原为“东区音乐公园”，如今成为在厂房旧址上改建而成的文化园区，它是工业遗存保护和文化创意产业相结合的新型旅游景区。老工业区旧址办公楼、红砖厂房、火车头和铁轨等构成了如今这一园区，视觉冲击力强，怀旧意味浓郁，非常适合拍照。

吃川味美食

“美食之都”的成都，可以满足你的味蕾。宽窄巷子和锦里古街是成都聚集美食的老街，逛逛古建筑，再坐下来享受川味美食，钵钵鸡、兔头、串串……

《成都》“小酒馆”听听小曲

一首赵雷的《成都》唱红了“小酒馆”，小酒馆在玉林西路。成都有很多小酒馆，酒馆里一般会有歌手驻唱，还会有乐队演出，在小酒馆里听听小曲，品品酒，也是一种享受。

成都 市区三日游

DAY 1

早餐后乘车前往武侯祠参观刘备殿、诸葛亮殿和三义庙等景点，缅怀三国英烈的丰功伟绩。然后前往一墙之隔的锦里古街，看皮影戏、听川剧，体验原汁原味的川西民俗。

下午乘车前往著名的杜甫草堂游览，它是现存杜甫行踪遗迹中规模最大、保存最完好的一处。依次参观诗史堂、工部祠、少陵碑亭和茅屋，然后还能去景区的梅园赏玩一番。

DAY 2

早餐后前往 21 世纪中国第一项重大的考古发现——金沙遗址博物馆参观，里面出土的金器、玉器、青铜器都代表了古蜀文化的光辉灿烂，尤其是著名的“太阳神鸟”金饰，构图严谨，线条流畅，极富韵律。

参观完毕乘车前往被誉为“川西第一道观”的青羊宫参观，依次游览混元殿、八卦亭、斗姥殿、三清殿等建筑。然后驱车前往著名的佛教寺院——文殊院烧香拜佛。

DAY 3

早餐后前往成都大熊猫繁育研究基地参观，它是为拯救大熊猫而兴建的具有世界水平的集旅游和科研为一体的景区。到了天鹅湖边可看到孔雀、锦鸡、白鹭等数千只野生鸟类嬉戏逐闹。参观完毕，前往成都最繁华的春熙路商业街上赏夜景、品美食。

成都 西北郊三日游

DAY 1

早餐后前往安仁古镇，古镇以刘氏庄园博物馆和建川博物馆最著名，建川博物馆由 25 个分馆组成，一共收藏了约 200 万件藏品，是目前国内最大的民间博物馆。

离开古镇后乘车前往平乐古镇，那里素以“秦汉文化，川西水乡”风情著称。巍然卓立于白沫江畔的千年古榕、秦汉驿道遗址、沿江吊脚楼，都展现着水乡韵味。

DAY 2

早餐后乘车去往天台山，景区自然风光旖旎多姿，形成了“九十里长河八百川，九千颗怪石两千峰”的中国山水画长卷，一路上欣赏瀑布、叠溪、长滩、深潭等依水幻化的诸多景观。参观之余，这里的宗教文化也很深厚，去往永乐寺拜佛烧香。

DAY 3

离开天台山前往石象湖，景区群山环抱，碧水清幽，被誉为“瑶池仙境”。泛舟湖上，两岸风光美不胜收，遥望石象寺、七星台掩映在山水之间。每年三月，亚洲规模最大的郁金香节会在景区举办，百万株郁金香竞相绽放，将石象湖装扮成花的海洋。

蜀汉兴衰

历史文化名城

成都是我国的历史文化名城、古蜀文明的发祥地。

东汉末年，刘备因起兵讨伐黄巾军有功而登上政治舞台。后刘备三顾茅庐得到诸葛亮的辅佐，在诸葛亮的帮助下，刘备和孙权达成联盟，两方在赤壁之战中合力击败了曹操。而后，刘备又攻取了荆州五郡，后又夺取益州，实力大增。公元 221 年，刘备称帝，定都成都，国号汉，史称蜀或蜀汉。从此，魏、蜀、吴三国相争，在这片广袤的大地上留下了深深的烙印，至今让人感怀当年的烽火硝烟。

公元 222 年，刘备讨伐东吴兵败，损失惨重，退回白帝城。从此，刘备一病不起，于 223 年 4 月病逝于永安宫。同年 5 月，刘禅继位，改年号为“建兴”。刘禅庸碌无能，在位前期，主要依靠诸葛亮治理国政。而诸葛亮死后，蒋琬和费祎辅政，他们遵循诸葛亮的既定方针，团结内部，又不轻易用兵，曾一度使蜀国维持着比较稳定的局面。蒋琬、费祎之后，姜维执政，多次对魏用兵无功，消耗了国力，再加上刘禅的昏庸无道、贪图享乐，致使蜀汉的根基十分薄弱，公元 263 年蜀汉被魏国所灭。

虽然从刘备建都到后主投降才短短 42 年，但成都在三国文化中的核心地位当仁不让。

蜀绣

穷工极巧

蜀绣又称“川绣”，产于四川成都及周边地区，与苏绣、湘绣、粤绣齐名，为中国四大名绣之一。

蜀绣历史悠久，发源于川西平原，适宜的气候使这里盛产丝绸，这既为蜀绣提供了刺绣原料，又为蜀绣的兴盛创造了环境。在蜀汉时期，蜀绣因为经常被用来交换北方的战马和其他物资，成为了蜀国主要的经济来源和支柱。据说在唐朝末期，南诏进攻成都时，除了大肆掠夺金银财宝外，蜀绣以及蜀绣工匠也被视为奇珍异宝，由此可见蜀绣在当时神州大地上的名气。在当时的成都，刺绣几乎是每个女子的必修课，她们从小就被送到作坊里学习针法，日夜不息，风雨不止，一捧白沙，一抹寒针，便成了每个女孩子烟雨蒙蒙的童年。

蜀绣以软缎和彩丝为主要原料。以绣制龙凤软缎被面和传统产品“芙蓉鲤鱼”最为著名。代表作有九寨熊猫图、牡丹飞蝶、三条水草鲤鱼、百鸟朝凤、熊猫、松鹤同春、薛涛制笺等。产品有镜帘、花边、嫁衣、卷轴、鞋帽、裙子、枕套、被面、帐帘等。题材多吉庆寓意，具有民间色彩。

现在，蜀绣有 12 大类，122 种丰富多变的针法技艺，以针代笔，以线代墨，表现技法丰富，“鲤鱼绣”“动物绣”“人物绣”“花鸟绣”各种主题层出不穷，在中国刺绣中独树一帜。

茶馆荟聚

摆龙门阵

茶馆，是一种文化，更是一种生活。在成都，泡茶馆是成都人最为典型的休闲生活方式了，与生俱来的从容和骨子里的悠闲，再没有比泡茶馆更能体现。在成都，几乎每条街都有茶馆，而且无论是哪一家，从日出到日落，都是座无虚席，生意好得你都不敢相信。

成都的茶馆装修得很有风格，不必高桌长凳，正襟危坐，而是摆上矮矮的竹靠椅，让人懒懒地躺着。紫铜壶蹭光发亮，盖碗也自有特色，连堂倌跑堂添水的功夫，都让人看着很舒坦。

但成都人泡茶馆可不是为了喝茶，而是为了去享受的。茶馆里卖零嘴的、掏耳朵的、擦皮鞋的，各类人来回穿梭，热闹非凡，这时候喝口茶润润嗓子，就该摆龙门阵（聊天）了。

摆龙门阵是茶馆生活最要紧的事情，常人可以谈古论今，高谈阔论；文人可以看尽人生百态，世事炎凉；甚至在以前，乡邻有了矛盾，茶馆还是断官司的场合。人们谈论着家长里短，时间长了，彼此的情况大家也都知晓了，以后谁要有什么忙需要帮的，喊一嗓子，就会有人来。人与人之间的联系在茶水之间流动起来。

除了喝茶，还衍生了很多茶馆的相关行业。比如“茶博士”，斟茶时，水柱凌空而降，翻腾于茶碗，再戛然而止，“酒满敬人，茶满欺人”，茶水不能齐平碗口，茶碗外要滴水不漏才是绝妙。还有掏耳朵，也是一门手艺，七长八短的工具，就是要让顾客舒服，还不能受伤。

麻将文化

闲适生活

无论何时何地，提起麻将，或多或少的都会让人感觉有点“不务正业”，但是在成都，麻将却是一种生活要素。对于打麻将，成都人可以说是真正爱到骨子里：饭可以不吃，牌不得不打。对于成都人而言，麻将在很大程度上是一种精神乃至信念上的寄托。

麻将的起源有诸多说法。有的说，起源于商周时期的搏戏，经过马吊、叶子牌等演变，发展到今天的麻将；也有人说，是明朝郑和下西洋时，船上没有什么娱乐用的设备，为稳定军心，郑和发明了麻将，然后演变至今。

只要有人一起打，大小都不计较，一局上万的，也有人敢上，几块钱打一下午的，也没谁会嫌弃。反正重在参与，只要能开台就是好事。在成都，随便走到哪个旮旮角角，都能听到搓麻将的声音：结婚摆喜酒的在打，生娃儿请客的在打，过大寿的在打，办白事的还在打……当然，闲来无事更要多打几圈了。麻将桌一支开，别的事就得统统靠边。

悠闲自在地在平静的生活中寻找乐趣，在安逸的环境中寻找刺激，成都麻将的牌局就像成都人的性格一样，随和但不失激情，知足却不丢欲望。

诗歌

与诗结缘

“九天开出一成都，万户千门入画图”“晓看红湿处，花重锦官城”“窗含西岭千秋雪，门泊东吴万里船”，这些想必你都耳熟能详，它们都是和成都有关的诗句。

成都有着 2300 多年的建城史，是国家历史文化名城和中国十大古都，唐代的成都物产丰富，商业兴盛，比以往任何时候都更符合天府之国的美称，唐时有“扬一益二”之说，“天下诗人皆入蜀”，近 200 位诗人以成都为题写了近 1000 首诗歌，50 位没到过成都的诗人为成都写诗超 100 首。

其中，我们比较熟悉的就是诗圣“杜甫”，他为了躲避“安史之乱”的战祸，携家带口全部迁入蜀中，自建茅屋而住，时人称之为“成都草堂”，杜甫在这里居住了近 4 年，写了 240 余首诗，其中最有名的就是《茅屋为秋风所破歌》。后来杜甫离开后，草堂便不存，经后人重新建造修复了现在的“杜甫草堂”。如果你想了解杜甫的行踪遗迹，就可以去那里找寻。

还有就是薛涛，她幼时随父入蜀，后为乐伎，其诗文十分了得，明人辑有《薛涛诗》传世。后人为了纪念薛涛而建造了望江楼公园，公园内有专为薛涛取水制笺的薛涛井。

川剧变脸

艺术瑰宝

川剧是川渝地区最流行的戏曲种类，早在唐代就有“蜀戏冠天下”的说法。清代乾隆时在本地车灯戏基础上，吸收融汇苏、赣、皖、鄂、陕、甘各地声腔，形成含有高腔、胡琴、昆腔、灯戏、弹戏五种声腔的用四川话演唱的“川剧”。

川剧脸谱，是川剧表演艺术中重要的组成部分，是历代川剧艺人共同创造并传承下来的艺术瑰宝。相传变脸是古代人类在面对凶猛野兽的时候，为了生存把自己脸部用不同的方式勾画出不同形态，以吓跑入侵的野兽。川剧把变脸搬上舞台，用绝妙的技巧使它成为一门独特的艺术。

人物档案

中文名称：川剧变脸

起　　源：20 世纪 30 年代

相关人物：王道正，谢平安，彭登怀，龙怡策

经典剧目

变脸中最具川剧特色的是《白蛇传·金山寺》一场紫金钵的扯线变脸。剧中法海的镇妖神器紫金钵拟人化为钵童，先后三次出场，开始以绿蓝相间的脸谱亮相，后在与白蛇的打斗中依次变为红脸绿眉、蓝脸金眉、黄脸、白脸黑眼，最后是白脸、笑眼、红颊的本脸，具有十分强烈的视觉冲击力。

变脸手法

抹脸

将化妆油彩涂在脸的某一特定部位上，到时用手往脸上一抹，便可变成另外一种脸色。

吹脸

将装有粉末化妆品的盒子摆在舞台地面上，演员做伏地的舞蹈动作，趁机将脸贴近盒子一吹，粉末扑在脸上，立即变成另一种颜色的脸。

扯脸

事先将脸谱画在绸子上，剪好后，将每张脸谱都系上丝线贴在脸上。丝线则系在衣服的腰带上，随着剧情的进展，演员会在舞蹈动作的掩饰下，一张一张地将它扯下来。

精彩去处

在成都的蜀风雅韵、锦江剧场等地可以观赏到地道的川剧变脸表演。

川菜

舌尖上的麻辣

中国人向来讲究吃，有句俗语叫“民以食为天”。成都的吃是闻名全国的，与“麻辣”结缘的美食就有不少，特别是那里的火锅，食材伴着“咕嘟咕嘟”的气泡声在辣椒油里翻腾的样子，让人特别兴奋，恨不得马上卷起袖子捞上一碗站着就吃。

但火锅可不是成都的专属，这里还有冒菜、凉糕、糍粑、钵钵鸡、冰粉……一周之内，可以让你在成都的每顿都不重样，这里可真是吃货的天堂。

老派的成都人在巷子里七拐八拐可以找到一份十年不变的味道，掌勺的老板都不需要问，就知道食客的习惯。人们把这样的小店称为“苍蝇馆子”，非用餐时间，馆子里很冷清，但一到饭点，食客们宁愿站着也要来吃，火爆程度远远超出你的想象。

成都人喜欢在这样的苍蝇馆子“打平伙”（AA 制聚餐），反正店子又小又嘈杂，吃喝谈笑之间完全不必拘礼，也不必算计请客的人情，于是一顿饭就可以熟络起来，这也增进了人与人之间的感情。

到成都，你一定要去撸串，对成都人来说没有什么事是一起撸串不能解决的，如果有，那就再来三十串。成都排名第一的网红串串店——马路边边麻辣烫经常需要排队好几个小时，店面的装修非常怀旧，在享受美食的同时，也可以大饱眼福。

熊猫故地

黑白相间的小可爱

大熊猫是我国的“国宝”，来到成都，必定要去看可爱的大熊猫。

大熊猫已经在地球上生存了至少 800 万年，被誉为“活化石”，它是世界上最可爱的动物之一，也是世界生物多样性保护的代表物种。

大熊猫是一种有着独特黑白相间毛色的活泼动物，体型肥硕似熊，头圆尾短，看起来憨态可掬，大熊猫可依靠这些特点收获了不少粉丝呢。

大熊猫的食谱很特殊，几乎包括了在高山地区可以找到的各种竹子，当然它们偶尔也会吃肉，通常是动物的尸体，有时也吃竹鼠。因为这种独特的饮食习惯，它也被称为“竹熊”。但是，因为大熊猫生性孤僻，常分散独栖于茂密的竹丛中，所以又有人称它们为“竹林隐士”。

空调开放

第1章 成都市区

武侯祠
宽窄巷子
青羊宫
杜甫草堂
天府广场
春熙路商业街
成都川剧艺术中心
望江楼公园
文殊坊

武侯祠

中国影响最大的三国遗迹博物馆

微印象

@一夕花开 春天的武侯祠是最美丽的，新绿浅红，古阁白祠，掩映之间一片生机盎然，一处曲径通幽的红墙墨瓦，墙外是密密的青竹，夕阳穿枝插叶地斜照进来，十分唯美。

@GQ1018 诸葛亮在历史的舞台上一展风采，被世人所敬仰，更让历史放射出耀眼的光芒。参观武侯祠，不仅是对历史的了解，更是与历史作穿越时空的对话。

门票和开放时间

门票：50元。开放时间：7:30~20:00（夏季），8:00~18:30（冬季）。

最佳旅游时间

游览武侯祠全年皆宜，2月最佳。每年春节期间武侯祠会举办盛大的庙会，届时3000多盏花灯、12组魏蜀吴三国文化主题大型灯组照耀得蓉城夜空熠熠发亮，美食、美景和众多娱乐项目交织在一起，让人感受到庙会浓厚的喜庆气氛。

进入景区交通

位置：成都市武侯区武侯祠大街231号。

地铁：乘坐地铁3号线至高升桥站，步行约10分钟可到达。

景点星级

人文★★★★　休闲★★★★　特色★★★　美丽★★　浪漫★★　刺激★

成都武侯祠又名“汉昭烈庙”，是纪念三国时期蜀汉皇帝刘备和丞相诸葛亮以及其他蜀汉英雄的合祀祠宇，为中国唯一的君臣合祀祠庙，享有“三国圣地”之美誉。

整个武侯祠坐北朝南，包括刘备殿、诸葛亮殿在内的众多建筑严格排列在从南到北的一条中轴线上，殿宇重重，布局严谨，庄严肃穆。武侯祠人文底蕴深厚，园林景观丰富，交相辉映，形成了中国影响最大的三国遗迹。

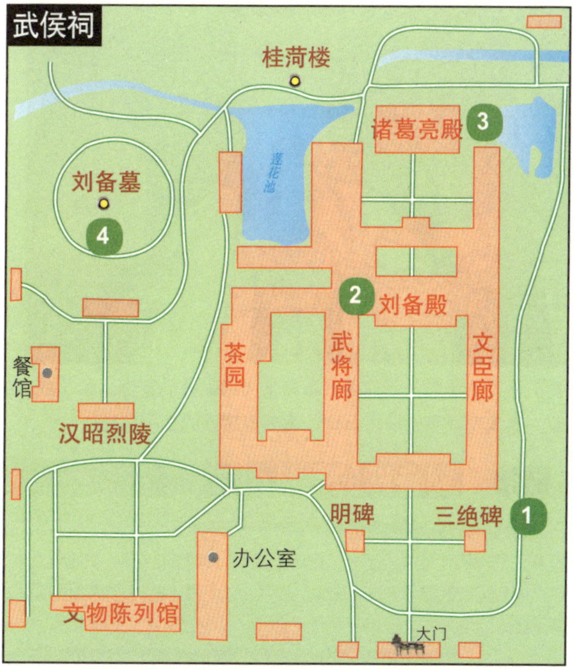

链接 武侯祠简史

武侯祠的前身是始建于223年的刘备陵寝。千年来几经毁损，屡有变迁。武侯祠（诸葛亮的专祠）建于唐以前，初与祭祀刘备（汉昭烈帝）的昭烈庙相邻，明朝初年重建时将武侯祠并入了“汉昭烈庙”，形成现存武侯祠君臣合庙的格局。现存祠庙的主体建筑于清康熙十一年（1672年）重建。1961年公布为全国重点文物保护单位，1984年成立博物馆至今。

1 三绝碑

走进大门，浓荫丛中矗立着六通石碑，其中最大的一通唐代“蜀汉丞相诸葛武侯祠堂碑”即为“三绝碑”。

三绝碑为唐朝著名宰相裴度撰碑文，书法家柳公绰书写，名匠鲁建刻字。碑文特别褒奖诸葛亮的法治思想，碑文通篇词句甚切，文笔酣畅，使人百读不厌。三绝碑旁嵌有岳飞书写的前后《出师表》草书石刻，与其对面而立的则是明碑。明碑立于明嘉靖二十六年（1547年），四川巡抚张时彻撰文，碑文主要记载了武侯祠的历史沿革。

2 刘备殿

走过碑廊，穿过伫立着庞统、简雍、赵云、黄忠等塑像的文臣武将廊，便是刘备殿。

刘备殿为单檐歇山式建筑，是祠内最高、最雄伟壮丽的一座。大殿正中供奉着 3 米高的蜀汉皇帝刘备的贴金泥塑坐像，雕像慈眉善目之中又不乏威武严肃；左侧是刘备的孙子刘谌的塑像；东偏殿供奉着关羽、周仓、关平等人的雕像；西偏殿供奉着张飞和张苞的塑像。位于殿后的过厅中陈列了 14 尊蜀汉文臣武将的塑像，塑像前都有一块小石碑，镌刻着功臣的生平传略。

链接 刘备殿的玄机

首先，刘备殿中供奉的张飞穿的是文官的服装。因为立祠的时候重文，所以都穿文官服装了，张飞也不例外。其次，刘备殿中的关羽是一位皇帝的扮相。因为在民间，关羽元代封王，明代封帝，清代封神，武侯祠明代时翻修，便按封帝的样子完成了塑像。最后，刘备殿中的周仓是武侯祠里唯一虚构的人物，出自《三国演义》，正史中并无此人。

3 诸葛亮殿

诸葛亮殿位于刘备殿后面，其建筑低于刘备殿，象征古代君臣关系。殿悬“名垂宇宙”匾额，两侧为清人赵藩撰写的一副“攻心”对联。联文为“能攻心则反侧自消，自古知兵非好战；不审势即宽严皆误，后来治蜀要深思”。

正殿中供奉着诸葛亮的贴金塑像，塑于清康熙十一年（1672 年）。他头戴纶巾，手持鹅毛扇，身披金袍，凝目沉思，和善的面目之中可见其忧国忧民、深谋远虑的神情，一代儒相的风采展现无余。像前的三面铜鼓相传是诸葛亮带兵南征时制作，人称“诸葛鼓”，旁边都是诸葛亮子孙的雕像。

链接 杜甫《蜀相》

“丞相祠堂何处寻，锦官城外柏森森。映阶碧草自春色，隔叶黄鹂空好音。三顾频烦天下计，两朝开济老臣心。出师未捷身先死，长使英雄泪满襟。”

唐肃宗上元元年（760年）春，颠沛流离的杜甫来到成都，在朋友的资助下，定居在浣花溪畔。成都是当年蜀汉建都的地方，当时的武侯祠还只是诸葛亮庙。杜甫探访后有感而发，写下了这首感人肺腑的千古绝唱，表达了对诸葛亮雄才大略、忠心报国的赞颂，以及对他出师未捷而身先死的惋惜。

4 刘备墓

诸葛亮殿西侧是刘备墓，史称“惠陵”，是三国时期唯一保存着的帝陵。相传此墓是由诸葛亮亲选宝地，葬刘备于此，陵墓中还合葬有刘备的甘、吴二位夫人。墓冢高12米，周长180米，有环形围墙，墓前有照壁、栅栏门、神道、寝殿等，还嵌有石碑，碑刻为“汉昭烈皇帝之陵”。

链接 刘备墓葬之谜

历史上记载，刘备攻打吴国失败后，退居白帝城，于223年4月病逝。5月，诸葛亮扶灵柩回成都，8月下葬。关于他最后的葬身之地主要有三种说法：

一说认为刘备就葬在成都武侯祠，史料来源于陈寿的《三国志》；二说刘备墓在四川彭山的莲花坝，成都的武侯祠只是刘备的“衣冠冢”；第三种说法则认为刘备葬于奉节。南宋学士任渊所作《重修先主庙记》中也说，成都惠陵只是弓剑墓，不是真墓。真正的刘备墓位于何地，至今仍是一个未解的谜题。

5 锦里古街

如果说武侯祠把您带进了历史的长河，那它西侧的锦里则可一下子让您回归现实。无论是想胡吃海喝、小资情调，还是风花雪月，西蜀第一街都能满足你的要求。锦里古街是西蜀历史上最古老、最具有商业气息的街道之一，早在秦汉、三国时期便闻名全国，如今也是成都市最负盛名的特色街道。

古街全长550米，以秦汉、三国精神为灵魂，明、清风貌做外表，川西民风、民俗做内容，扩大了三国文化的外延。街区大致分为民俗游览购物区、酒吧餐饮住宿区、公共休闲娱乐观赏区、四川名小吃区，浓缩了成都生活的精华，展现了四川民风民俗的独特魅力。

攻略

1.每年春节期间锦里古街都会举行盛大的庙会，届时古街人潮涌动，有川剧表演、民间艺人演出等精彩活动。

2.古街牌坊不远处有一个小广场，正对广场的是整个古街的中心——古戏台。戏台定期上演川戏的经典剧目和皮影戏表演。有演出时，想看戏的人可以聚拢在广场上观看；想逛街的人则可从戏台下轻松穿过，各得其所，互不影响。古街两旁依次分布了很多特色小摊，很多民间艺人在进行精彩的展演，如糖画、捏泥人、葫芦画、剪纸表演、皮影表演、西洋镜和米上刻字等。在古街几乎可以买到成都市所有的土特产，比较有名的有张飞牛肉、汤麻饼、峨眉山毛峰茶、蒙顶茶和凤尾酥等。

高光

庄重肃穆的刘备殿，让人仿佛回到了那个风云变幻的时代。

美食 饕餮一族新发现

武侯祠旁边的锦里古街内美食种类极为丰富，几乎囊括了所有四川的美食，如三大炮、串串香、担担面、三合泥、钵钵鸡、酸辣豆花、赖汤圆、川北凉粉、鸡丝凉面。

大妙火锅（锦里店）：位于武侯祠大街231号锦里二期乌衣巷13号，是一家中高档的火锅店。酒店环境优良，古色古香，又不乏时尚气息，菜单用竹简做成，很是别致。鸳鸯锅红汤麻辣，白汤鲜美，菜品丰富。锦里店晚上安排有表演，在满足食客味觉的同时也达到了视觉上的享受。

三顾园：位于武侯祠大街231号。餐馆内菜品以三国典故各自命名，如草船借箭、三顾茅庐、火烧赤壁等，吃的不仅是美食，也是文化。

莲花府邸音乐餐酒吧：位于武侯祠大街231号锦里街附12号，是一家个性独特的酒吧。酒吧分露天和室内两部分。露天的院落古色古香，有假山和莲花池塘；白天坐那儿喝茶聊天，听古筝演奏，分外悠闲。室内装修则颇为文艺小资，晚上灯光艳丽妖娆，音乐强烈，有歌手深情献唱，想不嗨起来也难。

钦善斋：位于武侯祠大街247号。酒店古色古香的环境，亭院、假山、鱼池林立其间。菜品以药膳为主，菜单中每个菜名下都标注了功效，让人一目了然。汤锅鲜美香浓、温和滋补，免费茶水也是用几味药材泡制，开胃健脾。

点兵点将·传统小吃集：武侯祠大街180号附24号。这里集成都特色小吃于一体，味道不错，有龙抄手、担担面等。

宽窄巷子

成都原味生活的体验地

微印象

@南宫加司空 宽巷子的“窄”是逍遥人生的印记，窄巷子的“宽”是安逸生活的回忆；逍遥安逸行云流水顺其自然的生活态度，是仙源故乡人居环境的神韵；短短的宽窄巷子承载着少城太多的历史信息与历史印记，令人遥想，慨然不已。

@智策行 川派民间流派遭遇西式元素，宽窄巷子这熔于一炉的美食休闲场，更能体现成都的包容性和国际范。

门票和开放时间

门票：免费。开放时间：全天。

进入景区交通

位置：成都市青羊区长顺上街127号。

地铁：市内乘坐地铁4号线至宽窄巷子站下车，步行约250米即到。

景点星级

休闲★★★　美丽★★★　浪漫★★　特色★★　人文★★　刺激★

宽窄巷子为清康熙末年所建，是由宽巷子、窄巷子和井巷子三条平行排列的城市老式街道及其之间的四合院群落组成的成都三大历史街区之一。

宽窄巷子由45个清末民初风格的四合院落、兼具艺术与文化底蕴的花园洋楼、新建的宅院式精品酒店等特色建筑群组成。如今的宽窄巷子已成为现代成都具有鲜明地域特色和浓郁巴蜀文化氛围的标志，集民俗文化、传统餐饮、时尚酒吧和娱乐休闲于一体。在宽窄巷子能触摸到历史的痕迹，也能体味到成都最原汁原味的休闲生活方式，走进宽窄巷子，就走进了最成都、最世界、最古老、最时尚的老成都名片。

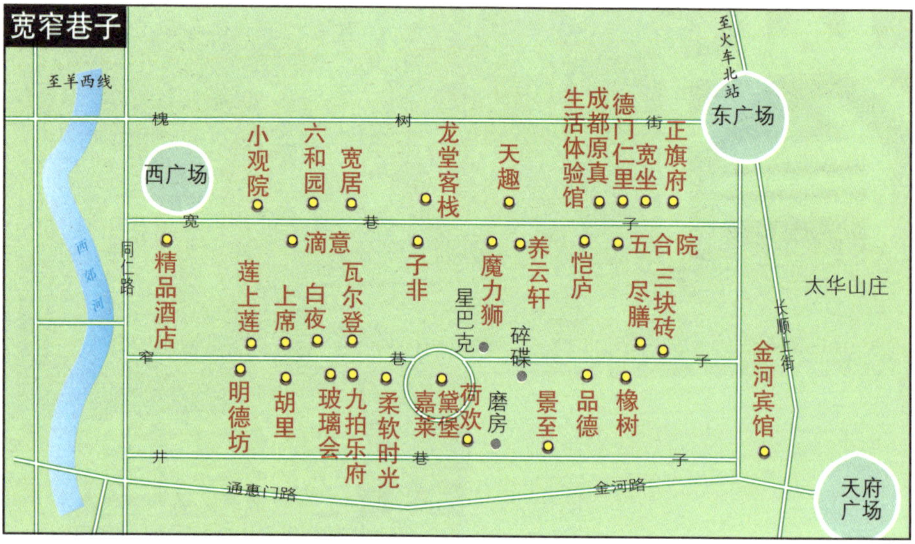

1 宽巷子

宽巷子代表了最成都、最市井的民间文化，老成都生活体验馆、精美的门头、梧桐树、街檐下的老茶馆等构成了宽巷子独一无二的吸引元素，使人感受到成都的风土人情和几乎要失传了的一些老成都的民俗生活场景。

在宽巷子中，德门仁里是体验老成都生活的一个院落，真实还原了川西人家某一天的生活情景，曾是电视剧《林师傅在首尔》取景地之一。如今是一家精品酒店，充分展现了宽窄巷子古典与现代的完美结合。

攻略

恺庐位于宽巷子11号，该门头为宽窄巷子中最富标志性门头之一。在这里我们可以看到成都代表性老门头的样子。

点赞 @子舟Eric 来这闹中取静的地儿喝杯茶，感受一下成都人悠闲的生活调调。宽窄巷子尽管也被商业包装了，但并不是那么赤裸裸地针对游客购物而开发，还是依然很有文化的气息。

2 窄巷子

窄巷子是老成都“慢生活”的集中体现，这里既拥有国际化时尚中心，又汇聚了成都很多传统的院落，形成了以各西式餐饮、艺术休闲、健康生活馆、民俗文化为主题的精致生活品位区。

如果说成都是天府，那窄巷子代表的就是成都的“府”。窄巷子里展示的是成都的院落文化，这种院落文化代表了一种精英文化，一种传统的雅文化。宅中有园，园里有屋，屋中有院，院中有树，树上有天，天上有月……是中国式的院落梦想，也是窄巷子的生活梦想。

攻略

1.位于窄巷子40号的莲上莲曾是著名画家李华生的旧宅，在这个小院内游人不仅能欣赏到异国风情的家具摆件，还能享受到异国匠人纯手工宝石饰品定做服务。

2.拴马石位于窄巷子32号门头的老墙上，拴马石离地约1.2米。已风化斑驳，是宽窄巷子仅存的三个拴马石之一。百年前这里曾是北方满蒙八旗及家属的居住地，有骑马出行的习惯。

3 井巷子

井巷子是“新生活”区，因康熙年间凿下的一处古井而得名，展示的是成都生活的现代界面。在成都最美的历史街区里，享受丰富多彩的美食；在成都最精致的传统建筑里，享受声色斑斓的夜晚；在成都最经典的悠长巷子里，享受自由创意的快乐。

小洋楼广场是井巷子中最具特色的建筑，法式小洋楼据说曾是一个大户人家的私邸，后来成为教堂。这座法式风情的小洋楼展现了成都兼容并包的开放心态。

攻略

1.位于井巷子20号的熊猫屋是展示和销售“大熊猫”系列旅游文化商品和四川传统工艺品、民俗产品的零售平台，在这里可以购买到印有“大熊猫”的折扇、服饰等纪念品。此外，专为宽窄巷子制作的蜀锦也值得收藏，华丽的锦面上描绘着宽巷子最富特色的门头“恺庐”和门头之后完整的四合院图景。

2.井巷子内有一面历史文化景观墙，是一段400米长的东西朝向的墙体，分为“历史的背影”“历史的表情”和“历史的直面”三个篇章，有宝墩遗城、秦筑城郭、汉砖遗风、宋砖古道、街沿斗鸡、砖门喝茶、天井搓牌等，很有感触。

攻略

美食 饕餮一族新发现

来到宽窄巷子，既能尝到传统的特色美食，又能体验时尚美食的乐趣，巷内的酒吧、茶馆、咖啡店和饮食店各有特色，十分精致，适合休闲小憩。

香积厨1999（宽窄巷子店）：位于宽巷子18号，由著名的莽汉诗人李亚伟和他的兄弟经营，是较早体现新派川菜革新体系的文化酒馆。酒馆经营全国各个地方的菜肴，兼有品茗读书、文化研讨、前卫艺术策展等活动。

成都映象：位于窄巷子16号。经营改良川菜，菜品精致，口味比较正宗。店内装修很有特色，古色古香，每天中午有川剧表演，下午有评书。

子非：位于宽巷子25号，是一家高端餐饮场所。餐厅共有三层楼，面积达1400平方米，仅有17个包房，包房中陈列有很多贵重器具，此外，这里对私密性也非常重视，订餐之后专人跟餐，了解口味、禁忌，菜品量身定制，每个包间开辟专门传菜通道，保证客人就餐期间不被打扰。

琉璃会：位于窄巷子33号。在琉璃会，不仅可以品尝到特色菜肴，还能体会到远远超过美食之外的极致艺术。走进琉璃会馆，就好像走进了一个巨大的琉璃艺术馆，无论大门、吧台、隔屏、墙面、穹顶，甚至卫生洁具都是由琉璃制成的，精美绝伦。

听香：位于宽巷子6号。宽巷子里的精致小宅院，名字取得有诗意。院内暗香浮动，木雕屏风古风荡漾，庭院树木郁郁葱葱，耳边不时飘过优雅歌声。这里提供种类丰富的地道川菜，还可以喝茶，是享受闲适生活的好去处。

上席：位于窄巷子38号，是一个能品尝到正宗川菜的私房菜馆。经营者为成都本土著名的诗人兼美食评论家石光华。在这里可以品尝到青筒鱼、荪肝膏汤等川菜，还能倾听古典音乐。

茶马古道餐厅：位于宽

巷子27号对面，是一家藏式装潢的烧烤小店。服务周到，环境舒适，干净卫生，品种丰富，价格也适中。

成都吃客：位于奎星楼街8号，是一家十分有创意的川菜馆子，每道菜都精致新奇。菜裸奔坨坨虾麻辣过瘾，桂花酿小番茄甜而不腻，十分解辣，特色烤鱼片、蒜香排骨、绝情蛙、纸上焗鲜鲍等都值得去品尝。

更多美食：

名称	位置	电话	特色
宽坐	宽巷子4号	028-86269777	汤品
里外院	窄巷子8号	028-86696261	茶馆
白玛小酒馆	小通巷2号	13060001873	酒吧
可居	宽巷子17号	028-86637056	茶馆
拂晓	宽巷子16号	028-61339315	下午茶
烹火	小通巷2号	028-87077173	西式餐厅

娱乐 城市魅力深体验

有模有样是位于宽窄巷子西口南北通道的一家店铺，在这里，你可以要求店主克隆出各式玩具，如将你的脸克隆在手工陶土制作的个性挂饰或者公仔娃娃上，还可以克隆出一只和你一模一样的手，连清晰的手掌纹路也能显现出来。各种克隆的过程仅需5分钟，可以在过程中提出要求直到满意为止，克隆材料可以是蜡、水晶或是店家独特的克隆材料，整个过程非常有趣。

青羊宫

川西第一道观

微印象

@Favor_Flavor 到成都的当天下午就去逛了青羊宫。地方不太大，但也颇有趣，成都青羊就源自这青羊宫，而青羊宫的名头也正来自于青羊宫中的青羊——一只汇集了十二生肖各个征的青羊，蛮特别的。

@沪甬 青羊宫门票不贵，游人也不多，后面院里还有个很大的露天茶座，坐在茶座品茶成都人谈天说地也挺有一番情趣。

门票和开放时间

门票：10元。开放时间：8:00~17:00。

最佳游览时间

每年农历二月十五日是青羊宫传统的庙会日和花会日，届时宫内香烟缭绕，磬声悠悠，人如潮涌；宫外各种名花异卉争奇斗妍，流香溢彩。

进入景区交通

位置：成都市青羊区一环路西二段9号。

地铁：市区乘坐地铁2号线到中医大省医院站下可到达景点。

景点星级

人文★★★★　休闲★★★★　特色★★★　美丽★★★　浪漫★★　刺激★

青羊宫被誉为“川西第一道观”，是成都市区内的一座最大、最古老的道教庙宇，相传始建于周朝。如今的青羊宫规模宏大，建筑宏伟，终年游人如织，香火不绝。宫中遗存的很多文物都是精品。主要景点有混元殿、八卦亭、斗姥殿等。

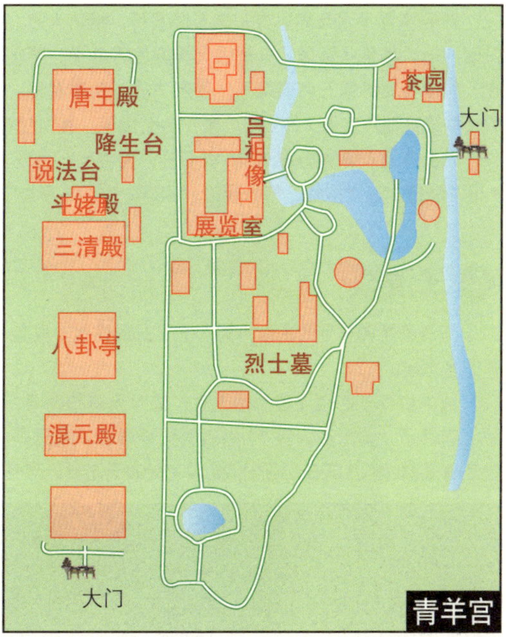

链接 **青羊宫历史**

相传青羊宫宫观始于周朝，初名“青羊肆”。据考证，三国时期取名“青羊观”。到了唐代改名“玄中观”，在唐僖宗时又改“观”为“宫”。五代时期改称“青羊观”，宋代又复名为“青羊宫”，直至今日。

历史上，唐玄宗曾为避安史之乱居于此观，避居于蜀的诗人杜甫，亲见雨映行宫，即景赋诗《严公雨中垂寄见忆——绝奉答二绝》。后唐僖宗为避黄巢之乱奔蜀，也曾在此观驻营。明代，殿宇不幸毁于战火。今天看到的青羊宫，主体建筑均为清康熙初年陆续重建恢复。

1 山门

青羊宫原山门建于明代。左边塑有土地神、青龙像各一尊，还有明代正德十年冬立的皇恩九龙碑一座。右边塑有白虎像一尊，并有七星桩，上刻有道教秘传天书云篆，根据中天北斗七星布局，称为北斗七星桩。还有龙凤桩、大石狮、龙王井等。

新建的山门庄严宏伟，重叠飞檐。龙、虎吉祥动物雕饰镶嵌在飞檐壁柱上，雕刻细致、造型典雅。殿顶塑有两条游龙正戏抢灵珠。

金字横匾“青羊宫”高悬在山门上方。此匾为清乾隆年间成都华阳县令安洪德的墨迹，笔力遒劲。

2 混元殿

走进青羊宫的山门，映入眼帘的便是混元殿。此殿是青羊宫的第二重大殿，建于清光绪年间，殿内正中供奉道教“混元祖师”的塑像，祖师面容慈祥，手持混元乾坤圈。后殿供奉的是“慈航道人”，端坐莲台，容貌秀丽慈祥。

3 八卦亭

八卦亭位于混元殿后方，它布局紧凑，精巧大方，整体建筑共三层，建于重台之上。亭座石台基呈四方形，亭身呈圆形，象征古代天圆地方之说。整座亭宇都是木石结构，相互斗榫衔接，无一楔一栓。屋面为黄绿紫三色琉璃瓦，每层飞檐都精雕着狮、象、虎、豹等动物造型。亭内放置了一个独具风格的琉璃葫芦宝鼎，高约 3.6 米，造型优美，甚为壮观。

八卦亭正门两侧分布有 16 根石柱，皆由巨石凿成，高约 4.8 米，直径约 50 厘米。其中外檐石柱 8 根浮雕镂空滚龙抱柱，气势磅礴，栩栩如生，是我国罕见的石雕艺术珍品。

4 三清殿

三清殿是青羊宫的主殿，为一座正方形建筑。殿基长 40 米，外檐柱上雕刻着六合童儿、双狮戏球等艺术木雕。

殿内供奉了贴金泥塑元始天尊、灵宝天尊和道德天尊（即太上老君）三座雕像。旁边还塑有广成子、赤精子、黄龙真人等 12 座道教天神雕像。最值得一提的是殿内共有 36 根大柱，其中木柱 8 根，代表着道教的八大天王；石柱 28 根，代表天上廿八星宿，造型宏伟而庄严，在全国尚属少见。

攻略

三清殿中的两只铜质青羊是青羊宫的象征。位于左侧的独角青羊十分奇特，拥有十二属相的特征，即羊胡、牛身、鸡眼、鼠耳、龙角、猴头、兔背、蛇尾、猪臀、狗肚、虎爪、马嘴，全国仅此一只。民间传说身体哪里不舒服就摸哪里，可以起到祛病的功效，所以“摸青羊”便成为了游客游览青羊宫的必备项目。

5 斗姥殿

斗姥殿是青羊宫现存的唯一明代原建筑物，为楼底式建筑。殿内正中供奉着道教第一女神斗姥。右边供奉的是女仙之首西王母，即民间所说的王母娘娘。左边祀奉的是地母，两边分别塑有南斗六星、南极长生大帝（寿星）和北斗七星。

6 后苑三台

后苑三台左为降生台，原塑一白发婴儿，是刚出世的老子。右边是说法台，台上塑有老子对关令尹喜说法之像。中间一台是紫金台，又名唐王殿，塑有唐王李渊夫妇之像和其子李世民之像。

三台按中轴线对称格式布局，十分严谨。唐王殿居轴线正中上方，另二台分别于左右两侧，平面布局呈三角鼎立之势，正应天上“三台星”之局，同时也形成了青羊宫整个建筑群的有力压轴。

链接 二仙庵

二仙庵位于青羊宫东侧，现文化公园内，创建于清康熙年间。二仙庵为著名全真道十方丛林，是全真龙门派碧洞宗的祖庭，也是中国西南地区唯一具有传戒条件的十方丛林。庵内原主要建筑有大山门、三官殿、钟鼓楼、吕祖殿、二仙殿、玉皇殿、斗姥殿、三皇殿、百神殿、藏经楼、客堂、道舍，主体建筑吕祖殿，殿内昔供奉纯阳祖师吕洞宾塑像。

攻略

购物 又玩又买嗨翻天

青羊宫所在的文化公园东侧，便是成都著名的仿古商业步行街琴台路。琴台路也是成都著名的珠宝一条街，来到琴台路可以挑选一些珠宝带回去，这里荟萃了七宝楼（琴台路114~122号）、天和银楼（琴台路136号）、飞天珠宝（琴台路162号）等著名珠宝品牌。

美食 饕餮一族新发现

成都美食扬名天下，青羊宫附近也有很多美食值得我们去品尝。

琴台廊桥：一家川菜店，环境清净幽雅舒适，人气旺，推荐宫保鸡丁和龙抄手。

钟太婆老妈蹄花：这是一家比较有名的老妈蹄花店，蹄花炖成奶白色，肉质鲜嫩，汤很鲜，还可以配上钟水饺，很美味，店里还可以吃到正宗的川菜。

另外，八卦亭附近有一个养生素食馆，里面出品的仿荤素菜很正宗，味道与荤菜十分接近，几乎可以乱真，并且口味都不错。

娱乐 城市魅力深体验

琴台路上的雕塑很值得一看，安放在琴台路南口的大型雕塑《凤求凰》是琴台路的主题雕塑。另外《铜车马》《龙心灯》都很有看头。

蜀风雅韵：位于琴台路正中央，是成都最有排场的川剧会馆。会馆是在20世纪60年代的人防工程的基础上改建的，建筑为汉阙风格，川剧折子戏、滚灯、变脸、木偶、手影等各种特色戏剧都能在这里欣赏到。

此外，步行街上的茶餐厅前时常会上演精彩的茶艺表演，一把壶嘴足有一米长的长嘴铜壶时而在头顶飞舞，时而又在腰间盘旋，而后又准确无误地将茶壶抓在手里，从头顶、从腰间、从肩上、从背后……万无一失地把热茶“飞”入茶碗里，动作刚健有力，变化多端。

行程推荐 智慧旅行赛导游

青羊宫、琴台路一日游：正门—混元殿—八卦亭—幽冥钟—三清殿—玉皇殿—斗姥殿—后苑三台—展览室—吕祖像—东大门出—琴台路。

杜甫草堂

诗人杜甫的“别墅”

微印象

@小草民 杜甫草堂是一个颇具规模的园林，虽没有完整地保留下古迹，但仍然让人流连忘返。草堂是一个文化符号，这就是文化的魅力。

@凯尔特人 历史的痕迹总是让人向往，名人的住所又能吸引众人的目光，虽然身在茅草屋，却能心忧天下广大寒士，杜甫的境界真的很让人叹服。每当漫步在园中，听到那些耳熟能详的诗句，仿佛依然能够感受到他所带给我们的那种人文气息。

@马甲 竹径通幽处，禅房花木深，很有诗意的一个地方。

门票和开放时间

门票：50元。开放时间：8:00~17:00（夏季），8:00~18:30（冬季），闭馆前20分钟停止售票。

进入景区交通

位置：成都市青羊区青华路37号。

1.地铁：市内乘坐地铁4号线至草堂北路站下，步行即可到达景点。

2.旅游专线：杜甫草堂开放有自己的旅游专线：杜甫草堂—武侯祠、杜甫草堂—金沙遗址、杜甫草堂—永陵。

景点星级

人文★★★★　美丽★★★★　特色★★★　休闲★★★　浪漫★★　刺激★

杜甫草堂是在唐代著名大诗人杜甫寓居成都时的居所上改建而成的博物馆。759—765年，杜甫为躲避“安史之乱”曾在此居住，之后屡建屡毁，如今已建成一处集纪念祠堂格局和诗人旧居风貌为一体的博物馆，主要景点有诗史堂、工部祠、少陵碑亭等。

草堂博物馆内珍藏有各类资料3万余册，文物2000余件，包括宋、元、明、清历代杜诗精刻本、影印本、手抄本以及近代的各种铅印本，还有15种文字的外译本和朝鲜、日本出版的汉刻本120多种，是有关杜甫平生创作馆藏最丰富、保存最完好的地方。成都杜甫草堂因诗名扬天下，借诗圣而后世流芳。

小贴士

草堂博物馆内每天8:30~17:30有讲解服务，1~5人普通话讲解100元/次，外语讲解150元/次。讲解接待咨询电话：028-87312744。草堂博物馆南、北大门外均设有地下专业停车场。南门停车场位于草堂路2号，地下有小车泊车位300个，地面有旅游大巴专用泊车位12个；北门停车场位于青华路37号，地下有小车泊车位200个。可24小时停放。

1 大廨

大廨是古代官吏办公的地方，由于杜甫曾做过官，后人出于尊崇建立了这座建筑。建筑正中立有一座杜甫铜像，铜像呈跪姿，身材精瘦，以较为抽象和夸张的艺术造型表现了诗人饱经忧患的一生和忧国忧民的情怀。周边墙壁上悬挂有众多对联和草堂全景图。

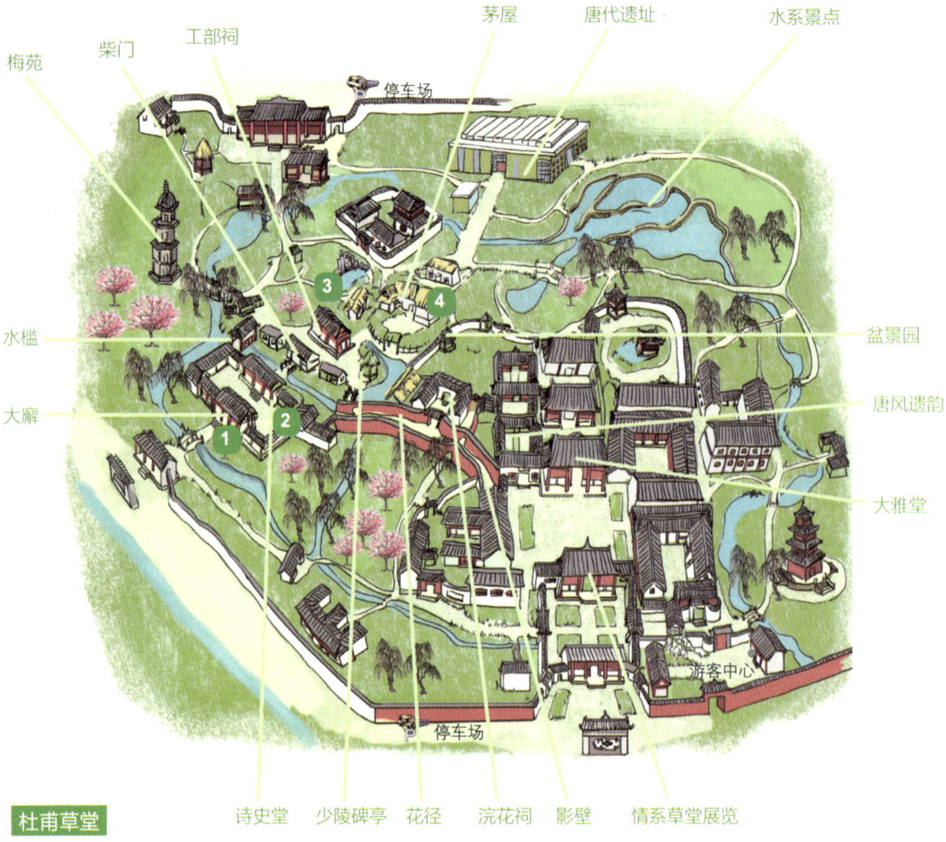

杜甫草堂

2 诗史堂

诗史堂是杜甫草堂纪念性祠宇的中心建筑，厅堂的中央安放着由著名雕塑家刘开渠所塑的杜甫半身铜像，雕像凝视着前方，眉宇间如同诗人笔下的诗歌一样，写满了忧国忧民之情。

塑像两侧是朱德同志撰写的对联，壁柱间悬挂着历代石刻杜甫像的拓片、木刻板和纪念诗人的对联，两侧陈列室展出近代书画家的“杜甫诗意画”和书法。

攻略

每年的春节期间草堂都会举行盛大的诗圣文化节以纪念杜甫，其间以弘扬诗歌文化为主线，以热闹的春节民俗活动为辅线，让人同时感受传统诗歌文化魅力和新春的气氛。主要活动有祭拜仪式、诗歌朗诵会、盆景展、全园巡游、唐代蹴鞠等。

3 工部祠

出诗史堂，穿过柴门，便是工部祠。工部祠是供奉杜甫塑像的飨殿。祠内墙壁上陈毅元帅“新松恨不高千尺，恶竹应须斩万竿”的对联挂在木制的杜甫画像两侧，祠堂正中为清代建塑的杜甫泥像，东西两侧分别是清代所塑的北宋诗人黄庭坚和南宋诗人陆游。祠内还存有两座杜甫石刻像，一座石刻体形丰满、气度雍容；另一座面容清癯，目光深沉。

位于工部祠东边有一间小小的茅亭是少陵碑亭，内立石碑一通，上刻“少陵草堂”四个大字，据说为清康熙之子、雍正之弟——果亲王亲手所写。

链接　奇妙的三人同堂

祠内之所以同时供三位诗人，是因为殿内若只塑杜甫一人，异乡作客，未免过于孤单，而黄、陆皆为诗歌成就极高的大家，虽不同朝代，但如果三人一堂，既能共论诗艺、免除冷清，又可同受祭礼、以盛香火。而清人的一副“荒江结屋公千古，异代升堂宋两贤”的对子则对此举作了很好的诠释。

4 茅屋

由于杜甫所居的茅屋早已消失，现在所见的茅屋是依据杜甫诗歌的描写以及明代重修草堂时的格局恢复重建的茅屋。

茅屋周边溪流环抱，绿树成荫，竹篱柴扉，芳草青青，营造出“舍南舍北皆春水”“清江一曲抱村流”“卜居必林泉”“野老篱边江岸回”等杜甫诗句描绘的郊野景象，诗人的老妻所画的棋盘仍留在石上，他的小儿女垂钓的钓丝还倚靠在篱边。

攻略

茅屋附近的梅园内种植有很多品种的梅花，每逢冬季都会举办红梅艺术展。除了欣赏绚烂多姿的梅花外，与此同时还举办梅花祝福、画梅花妆、饮梅子酒、梅花艺术插花等活动。

点赞

@番茄果果 杜甫的茅屋是川西坝子上典型的民居，竹林、茅舍、小桥、流水全都有了，可以想象当年诗人在这里吟诗抒情的情景，漫步其中，既可发思古之幽情，又可享受悦目清心的乐趣！

绿树掩映下的杜甫草堂，古朴的建筑和幽静的园林相得益彰。

攻略

住宿 驴友力荐的住宿地

杜甫草堂虽位于市郊，但附近酒店宾馆也不在少数，可选择的范围很广。

天辰楼宾馆：成都市青华路38号。宾馆装修极具特色，以盛唐时代的风格为主，是一家专营杜甫文化的主题酒店。宾馆价格适中，附近交通便利。

隐栖堂酒店：位于成都市青华路59号。酒店地处成都市久负盛名的唐宋文化一条街，交通便利。酒店以中国传统文化为特色，精心打造了近100间不同风格的新中式客房，满足宾客多元化需求；酒店五大艺术空间讲述传统中国茶、画、香、瓷、雅事共享，酒店把独特的生活元素融入到典雅的生活，把典雅的生活写成最诗意的人生。

娱乐 城市魅力深体验

杜甫草堂的“唐风遗韵”游客服务中心出售有关唐朝和大诗人杜甫的旅游纪念品，如唐三彩、木雕、瓷器以及杜甫诗集等，可购买一些作为纪念。另外，游人还可以在景区内的特色小店里买明信片邮寄给远方的朋友和家人，店主会帮忙把信件递给邮局。

草堂博物馆东面楠木林中矗立有一座万佛楼，凭栏远眺，可把蓉城美景尽收眼底，非常适合拍远景照。

草堂里有卖皮影戏的小摊，小摊搭建了小舞台，免费提供皮影给游客试玩。

每年8至10月，景区将举办“夜游草堂”活动，活动以大型园林实景灯光主题秀为亮点，园林里处处点缀着彩灯，从北门到南门，各处长廊边坐着穿着古典服装微笑着跟游客合影的美女。

行程推荐 智慧旅行赛导游

杜甫草堂一日游：正门—大廨—诗史堂—柴门—工部祠—少陵碑亭—茅屋—水榭—唐代遗址陈列馆—杜氏木刻廊—盆景园—浣花祠—草堂影壁—大雅堂—南大门出。

天府广场

古蜀文化广场

微印象

@斯德妹多拉潘 如果你来成都玩，请一定要待久一点。找个晴朗的天，早起吃个蛋烘糕，然后去天府广场看看升旗，在附近寻一碗冒菜。晚上再去九眼桥，喝个半醉！唯有这样的日子，你才能觉出成都就是一座来了就不想走的城市！

@DoraeMini 天府广场地下一层是个休息的好去处，人们围着柱子坐一圈，像一头头大蒜，哈哈。

进入景区交通

位置：成都市青羊区东御街18号。

地铁：市区乘坐地铁1号线或2号线到天府广场下车。

景点星级

人文★★★★ 休闲★★★★ 特色★★★ 美丽★★ 浪漫★★ 刺激★

天府广场位于成都市中心，集多种功能于一身，既是成都市区交通的枢纽，又是最大的休闲和娱乐广场，更是展示成都文明精华、城市个性和独特魅力的第一窗口。广场占地面积8万多平方米，被一个太极八卦云图中部的曲线给分为东西部分。东广场为下沉式，西广场则是喷泉景观集中处。

广场在设计上集中体现了中国气派、民族特色和古蜀风格，代表了成都文明的高度。太阳神鸟雕塑、鱼眼龙腾喷泉的太极云图、12根图腾柱无不展现了古蜀文化的光辉灿烂。此外，广场两个水池内共分布1500多个喷头，每天上演精彩的喷泉表演，银杏、香樟、桂树分别栽种在广场的东、南、西三侧，形成一个城市中的绿色花园。

1 太阳神鸟塑像

广场的正中央是一个巨大圆形的太阳神鸟雕塑，雕塑里层是一个太阳，太阳表面是十二道弧形旋转的光芒，雕塑外层是四只逆向飞行的神鸟，引颈伸腿，首足相接，围绕太阳展翅飞翔。这精美绝伦的太阳神鸟，是三千年前古代蜀国先民的杰作，现在被国家定为文化遗址的标志。

雕塑金碧辉煌，图案设计具有动感，更突出了四凤朝阳，绕日飞翔的形象，体现了华夏民族对太阳的崇拜。

2 龙腾鱼眼雕塑喷泉

广场的东西两侧是耀眼的东西鱼眼雕塑，东鱼眼雕塑位于下沉广场之中，有两层十多米高的大盘，大盘上有一条巨龙环形围绕飞向天空，长度为 40 多米，这条巨龙代表了黄河文化。西侧鱼眼雕塑位于广场的西侧，高度为 10.8 米，盘旋在其上的巨龙长度则达到了 58 米左右，这条巨龙代表长江文化。这两条巨龙昂首挺胸，神采飞扬，腾空而起，飞向蓝天。更为精彩的是东鱼眼雕塑是一个多层瀑布，层层落下的水帘将金色的飞龙衬托得如飞似跃，充满动感。

3 十二文化柱

位于广场四周绿化带中，有高入云中的 12 根精美的文化柱，每根高 12 米，主体造型采用金沙遗址出土的内圆外方形玉琮。文化柱取材于古蜀国的金沙、三星堆等 12 个系列的历史、文化内容，造型优美、独具特色，象征了古蜀文化的神秘和博大。

攻略

每逢周末和节假日的晚上，天府广场都会举办大型喷泉、音乐和灯光表演。在《天府颂》《锦江春》等乐曲伴奏下，全场喷泉一起跳动，喷出的水柱最高达2米多，水柱落入托盘中，再沿着下沉广场的边沿流下，形成了上下相连的水帘效果。

当白雾慢慢从龙腾鱼眼雕塑等处的数千喷头涌出，短短几分钟，雕塑、太阳神鸟图案和下沉广场都会隐匿在白茫茫缥缈的“云海”之中，让人置身广场却恍若仙境。

4 观景园

观景园位于天府广场附近百货大楼的顶楼北端。这里的每根柱子上都挂着从市民中征集来的天府广场的老照片供市民和游客欣赏，并通过新旧对比感受天府广场的变迁。

靠天府广场一侧是一排通透的玻璃窗，透过玻璃窗向下望，天府广场的景观尽收眼底。只见整个天府广场就是一幅太极云图，太阳神鸟、东西广场的东西鱼眼喷泉、云形水瀑、环形壁画、旋转楼梯、太阳纹饰、玉琮式四角装饰等景致一览无缺。

小贴士

观景园是欣赏天府广场景色，尤其是夜景的最佳位置，但由于该观景园最多只能同时容纳300人左右，如果人太多的话，有关方面将会适当控制人数。每天的开放时间是上午10时至夜间12时。

5 摩尔百货

成都摩尔百货天府店位于成都中心商业区的核心位置天府广场东侧。这里人流如织、商气鼎盛，高、中、低档百货云集，专卖店林林总总，各类餐饮、娱乐、休闲场所随处可见，历来为购物者的首选之地。

商城拥有停车位 400 余个和一个室内汽车美容中心，是四川省及成都市单店营业面积最大、最有代表性和影响力的时尚百货商场之一，也是四川省及成都市购物最为便利的百货商场之一。

点赞 @肥曼迪 摩尔百货就是个常年打折的地方，而且还是常年1~3折的那种，非常狠，非常受欢迎，缺点就是每次来人都暴多，各种拥挤，各种吵。

6 远东百货

远东百货天府店，位于天府之国成都最中心的地标——天府广场南侧，卖场包含地下一层和地上八层，经营面积共计 6 万平方米。卖场紧邻地铁入口，道路交通极为便捷。远东百货天府店经营范围包括国际一线品牌、国际精品、时尚流行服饰、精致超市、特色餐厅、美食街，是现代、新颖、全方位的生活购物新空间。

点赞 @青年胡瓜瓜 远东百货的层高不错，没有一般商场的逼仄感，不会有任何憋闷。商场有时活动，但通常都不会特别的白菜价，高端牌子的地位果然是要端起来哦。

7 四川科技馆

四川科技馆位于青羊区人民中路一段 16 号，占地 6 万平方米，是仅次于上海、北京、广州的第四大科技馆，是四川的科普名片和重要科普基地。

科技馆共有 5 层，包括航空航天展区、机械展区、机器人展区、天地万象展区等在内的 20 多个主题展区，是借助声、光、电等现代化手段合成的现代版“百科全书”。不论是馆厅建设还是展品布置，无不显示出科学性与艺术性的结合，形成了四川科技馆的差异化特色。

攻略

展览馆一楼的4D影院最为吸引人眼球，有60个座位，每天会播放10多部4D电影，每部电影十几分钟。

春熙路商业街

中国十大商业街之一

微印象

@尼泊尔仙人掌 我喜欢成都散发出的慵懒悠闲的感觉。漫步在让人迷恋的春熙路街道，藏不住的是串串香和火锅的诱惑。

门票和开放时间

门票：免费。开放时间：全天。

进入景区交通

位置：成都市锦江区春熙路。

地铁：市内乘坐地铁2号线或3号线到春熙路站下。

景点星级

休闲★★★★　美丽★★★★　人文★★★　浪漫★★★　特色★★　刺激★

春熙路商业街是成都最具代表性、最繁华热闹的商业步行街。这里融合了各类街头潮流和品牌，传统中国美食和西方快餐，春熙路是成都魅力的代名词和时尚风向标。

商业街全长1.1千米，道路由花岗石与仿古地砖铺就，道路两旁的建筑大气典雅，透着中西合璧的时尚的气息，绚丽的灯光打在华贵的西式古典建筑上，呈现出浓郁的异域风情。大型广告牌艳而不俗，所有路牌均用英汉两种文字标识，完全与国际“接轨”。春熙路代表的是一种文化，无论是近百年的商业历史，还是中西合璧的民国建筑，无不昭示了它深厚的底蕴。

1 伊藤洋华堂（春熙店）

伊藤洋华堂（春熙店）位于锦江区红星路三段大科甲巷8号，是春熙路商业街中一家有名的综合商场。曾是世界著名便利店7-11的母公司的伊藤洋华堂经营商品集服装、家居用品、食品为一体，包括生鲜食品在内达4万余种。

伊藤洋华堂扎根成都20多年，形成了多家店铺，为顾客营造一个“安全”“安心”“便利”的购物环境，注重推行新的生活方式，创造流行提案，提供新价值的商品、新颖贴心的服务，以持续革新赢得了成都市民的信赖和支持。

2 伊势丹百货

伊势丹百货位于锦江区大科甲巷8号利都广场内，商场室内装修、服务质量一流。

1~6楼分别为时尚精品馆、新潮流行馆、淑女宝饰馆、商务休闲馆、童玩婴孕馆、家居精品馆；7、8楼为特色餐厅馆；负一层为超市食品馆；负二、负三层为停车场。伊势丹百货内部格局简约、大气。在日本，它是日本首屈一指的零售集团；在成都，它也是广受大众欢迎的购物休闲中心。

点赞

@冰冰 伊势丹在春熙路上的这些热闹的百货商场里面算是最幽静的一家。人不是太多，不嘈杂，1楼有我比较喜欢的芳珂（Fancl），顶楼的餐厅有粤菜、日本料理、烤肉等，逛街累了在这边吃饭也是不错的。

3 群光广场

成都群光广场位于春熙路南段8号，是人潮汇聚之处。大楼外形别致，由全球知名的洛翰建筑设计事务所（Goettsch Partners）设计。

广场楼高166米，地上37层，地下5层，700个停车位。各楼层规划有双向手扶梯78部及客用升降梯10部。群光广场的规模刷新了成都百货业的纪录，成为城市新地标。无论白天或黑夜，这里均是城内目光汇聚焦点，每分每秒地呼应着顶级时尚风格的市场定位。

4 远洋太古里

离春熙路步行街不远的远洋太古里是年轻潮人们汇聚的地方。购物主打中高端，有各种都市时尚品牌和服装潮牌，还有许多创意餐厅和品牌概念店也汇聚于此。

远洋太古里别具一格，纵横交织的里弄、开阔的广场空间，为呈现不同的都市脉搏，同时引进快里和慢里概念，树立国际大都会的潮流典范。值得把玩的生活趣味、大都会的休闲品位、林立的精致餐厅、历史文化及商业交融的独特氛围，让人体验在繁忙都市中心里慢享美好时光。

远洋太古里对面的 IFS 大楼上攀爬的大熊猫，如今已经成为成都的新地标之一，可以乘坐商场内的电梯到达顶楼观光台拍照。在远洋太古里旁边的郎御可以俯瞰春熙路商圈夜景。

攻略

方所位于远洋太古里负一层，它集书店、美学生活、咖啡、展览空间与服饰时尚等混业经营为一体，它的面积很大，文艺感和设计感十足。在这里你可以捧着本小说，点杯咖啡，坐在椅子上享受一个下午的美好气氛。

攻略

美食 饕餮一族新发现

春熙路商业街时尚气息与传统风味交织，积聚了很多咖啡店、茶馆。

民土咖啡花园餐厅：位于锦江区小科甲巷1号第一城商业广场B座6楼，是一家充满文艺气息的咖啡店。一进门仿若到了世外桃源，露天花园里假山、小桥、流水、茅草屋，很有情调。室内环境也同样别有洞天，分为交流区、读书区、情侣区、冥思区、party区多个区域，可以满足不同客人的需求。

圆缘园：位于锦江区春熙路北段凤祥楼5楼，是一家有着全天无线网的茶馆，也是老成都最早的休闲娱乐地。店内装饰外圈是透明玻璃，客人可以直接俯视春熙路的最中央。当您坐在临街的窗户边，品尝着伙计用大铜茶壶泡的清茶，听着传统的川剧，简直是一种享受。

此外，在美味小吃云集的春熙路，赖汤圆、夫妻肺片、韩包子、龙抄手，还有街边的麻辣烧烤和串串香，绝对都让你大饱口福。

成都川剧艺术中心

永不落幕的川剧舞台

微印象

@红壳蛋武士 一声声高腔响彻云霄，一段段弹戏高山流水，一曲曲胡琴动人心扉……川剧演出永不落幕，我在成都川剧艺术中心锦江剧场。

@杨洋德义 受邀与朋友一起前去锦江剧场观看川剧大师陈巧茹老师的经典之作《卓文君》，演出相当完美，上至四五十岁的成人下至二三岁的小孩都非常喜欢，赞美不绝！

门票和开放时间

门票：免费开放。

开放时间：10:00～22:00（周一至周四），10:00～22:30（周五至周六）。

进入景区交通

位置：成都市锦江区华兴正街54号。

地铁：市区可乘坐地铁3号线至市二院下车。

景点星级

人文★★★★ 休闲★★★ 特色★★★ 美丽★★ 浪漫★★ 刺激★

成都川剧艺术中心是国内第一家以川剧命名、以戏剧演出为主的大型综合性文化娱乐场所，也是成都市川剧院文化产业基地和川剧研究、保护中心。

其前身是闻名遐迩的悦来茶园和锦江剧场，由“成都三庆会剧社”长期驻扎演出。后来扩建后成了川剧艺术中心，不仅可以欣赏到各种正宗的川剧演出，而且还能系统了解到有关川剧的知识，包括锦江剧场、悦来茶园、川剧艺术博物馆等三大部分。

1 锦江剧场

锦江剧场是一座举办综合演出的多功能剧场，周边花木葱茏，流水环绕，优雅大方。剧场建筑为川西古典民居风格，里面装饰富丽堂皇、古朴典雅，是成都市新建的为数不多的专业化、现代化剧场。剧场配备有升降舞台、数码字幕机、高档进口音响、航空座椅等专业设施，让观众获得最佳视听效果。

攻略

艺术中心的锦江剧场内每天晚上都会举行“芙蓉国粹”的演出，荟萃了成都川剧界的名旦名角，精心编排了川剧的经典剧目，重点突出滚灯、吐火、变脸等川剧绝技。节目内容具体包括开场锣鼓“闹台”、川剧折子戏和川剧锣鼓民乐合奏等。戏中荟集了川剧中的许多绝技，如魔烛、倒硬人、甩水发、云步、水袖等。演出时间：全年20:00~21:20，如遇旺季、节假日或观看人数增多时会增加演出场次，当日演出场次时间变更为两场：第一场19:00~20:15，第二场20:30~21:45。

点赞 @脚板大仙 每周六锦江剧场有川剧，30块钱可以看一下午，昨天初体验，看了动作夸张的弹剧《曹甫雪归》和有专人配唱心理活动的高腔《归舟》，终于被慢节奏打败，也许在电视没出现前，一分钟能说完的事用一刻钟唱出来才有娱乐效果吧。

❷ 悦来茶园

悦来茶园始建于 1908 年，原先是戏班艺人供祀戏神的老廊庙，茶园百年来一直都是公认的川剧“戏窝子”，见证了川剧发展的兴衰荣辱。茶园包括一层普通型、二层中档和屋顶露天生态茶园，艺术家们定期在一层的仿古万年舞台上演传统川剧折子戏。

点赞 @爱笑的猪宝宝Lisa 一盏清茶，一份悠闲，这是传统的老茶馆。不知何时开始川剧表演，点了杯老爸常喝的竹叶青，一个人慵懒地半躺在竹椅里看戏，这就是成都人的生活。

攻略

悦来茶馆的二层是一个中档茶楼，墙面镶嵌各种雕饰工艺，坐在古朴的桌椅旁，品上一碗正宗的四川清茶，听听精彩的川剧折子戏，如《斩黄袍》《逼嫁玉莲》和《盗仙草》等，简直就是一种艺术享受。

❸ 川剧艺术博物馆

川剧艺术博物馆是国内首家以川剧为主题的博物馆，总面积为 964 平方米，馆内通过珍贵的资料、照片、实物等展示了川剧的历史沿革、艺术成果等。博物馆由“梨园簇锦”“蜀曲流芳”“奇葩烂漫”三个分馆组成。

“梨园簇锦”主要展示了川剧的剧目、编剧、表演、音乐、舞台美术这五个方面的演变和发展情况，里面汇聚了川剧表演的道具、服装、面具、脸谱等内容；“蜀曲流芳”主要展示了四川戏曲由三国初的雏形经唐、宋、元、明、清，直至 20 世纪 80 年代初的历史沿革及发展概况；“奇葩烂漫”则详细介绍了国家对川剧艺术的关怀、川剧艺术的复苏、创作演出的繁荣等。

望江楼公园

国内最大的竹类公园之一

微印象

@霜天瓜洲 望江楼公园内的崇丽阁一度成为成都的象征，公园以人面竹和琴丝竹最为有名。沿途浏览南河两岸的蓉城市景，在公园内找一处茶馆，和茶友们摆摆龙门阵，听一听社会新闻，享受成都人的休闲生活。

门票和开放时间

门票：文物保护区20元，园林开放区免费。开放时间：文物保护区8:00~18:00，园林开放区6:00~21:00。

进入景区交通

位置：成都市武侯区望江路30号。

地铁：市区乘坐地铁2号线至牛王庙站下车。

景点星级

人文★★★★　休闲★★★　特色★★★　美丽★★　浪漫★★　刺激★

望江楼公园位于锦江南岸一片茂林修竹之中，景区波光掠影，翠竹夹道，亭阁相映，非常美丽。公园拥有望江楼古建筑群、唐代著名女诗人薛涛纪念馆等文物遗迹及各类珍奇异竹，园区分为文物保护区和园林开放区两个区域，其中文物保护区的主要建筑有崇丽阁、濯锦楼、薛涛纪念馆和竹文化陈列馆等；园林开放区则是以竹林景观为主。

1 崇丽阁

崇丽阁是园内的主要建筑，是一座高 27.9 米全木结构的建筑，枕江而立，俗称“望江楼”。该楼修建于 1889 年，楼阁共四层，一、二层为四面，三、四层为八方，其中二层供奉有文曲星神像。建筑结构为全木穿榫结构，朱柱彩绘，碧瓦黄梁，翼角凌空，鎏金宝顶，格外崇丽。

崇丽阁装饰手法极富特色，底层画栋雕梁，各层斗拱雕有古典戏曲人物，杂以猴、兔十二生肖等动物，形象生动。阁内天花板为“凤凰戏牡丹”等图案，线条洗练、色彩绚丽。

攻略

望江楼公园毗邻锦江，每年的端午节期间会举行规模宏大的龙舟赛。船工们口喊号子，奋力前划，人生鼎沸，热闹异常。崇丽阁最高处，是欣赏锦江的最佳位置。

望江楼公园

2 濯锦楼

濯锦楼建造于清嘉庆十九年（1814 年），楼为全木结构，共三楹两层，四周设有内装雕花格门窗，整楼形似画舫，秀丽玲珑。四周花木扶疏，典雅优美。楼内展示了明清紫檀木家具及古建筑构件。

吟诗楼为纪念薛涛而建立，一楼三叠，四面敞轩，玲珑秀巧，风格别致，颇具江南庭园风韵。里面为一组女诗人薛涛与诗友吟诗唱和场景的雕像。

3 薛涛纪念馆

薛涛纪念馆是专为唐朝以来巴蜀大地唯一的一位杰出的女诗人薛涛而建的。

纪念馆占地 700 平方米，馆内陈设布局，采用了现代设计手法，颇具时代特色。通过翔实的文字和图片展示了薛涛的生活经历及其诗歌艺术。纪念馆旁边建有一座薛涛塑像，高 3 米，为汉白玉雕成。

4 竹文化陈列馆

竹文化陈列馆以实物和图片介绍了“世界三大竹产区”“中国四大竹海”和“十大竹乡”的相关资料。除此之外，还陈列了古代与竹文化相关的诗画以及包括根雕的竹编、瓷胎的竹编等各种竹制精品，为人们展示了中国传统文化的源远流长和博大精深。

点赞

@白义民 修竹翠罗寒，迟日江山暮。幽径无人独自芳，此恨知无数。只共梅花语，懒逐游丝去。着意寻春不肯香，香在无寻处。

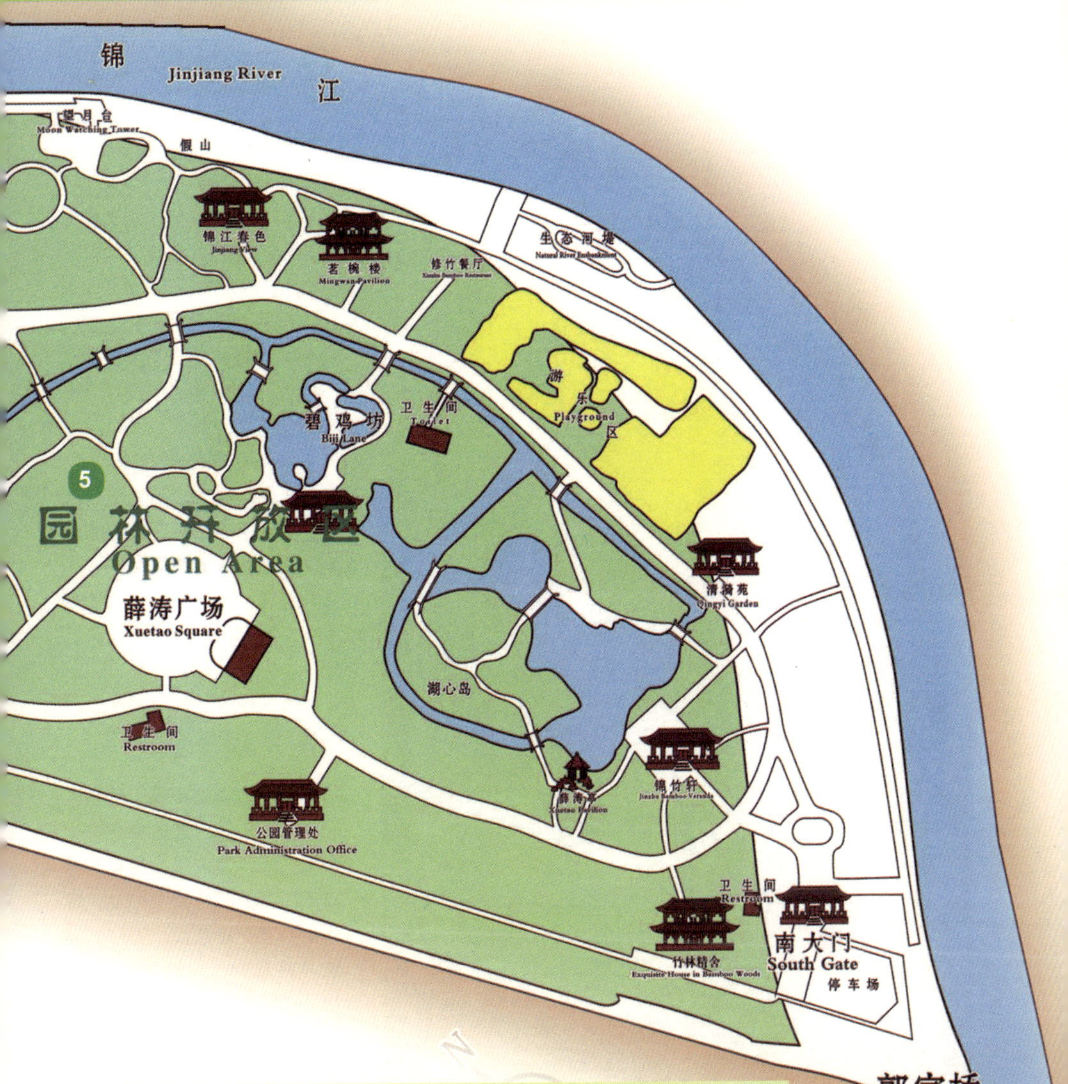

5 园林开放区

园林开放区位于公园南边，这里以竹为主，是全国竹子品种最多的专类公园，荟萃了国内外 200 余种竹子，其中不乏名贵竹种，被誉为“竹的公园”。

此外，保护区东北部毗邻锦江，玉津桥与飞云瀑、望月台等构成一个整体景观。每当月亮升起，在望月台可赏波中月影，玉津桥东有一座名为“锦江春色”的清代庙宇式建筑，取名得自杜甫的名句“锦江春色来天地”。

攻略

1.园林开放区是全国竹子品种最多的专类园区，每年4月下旬到6月上旬都会举办盛大的竹文化节。届时会有各种各样的活动，除了欣赏各种竹子、精品花卉和盆景、插花艺术和书画展外，还能观看精彩的文艺演出，如音乐舞台剧、竹盔甲武士巡游以及诗歌吟诵等。

2.园林区锦江岸边有一排露天茶座，随意坐在竹藤椅上，品尝着用薛涛井水泡的茶，甘洌无比，也可去室内茶馆滋品一番，最有名的是茗椀楼。

6 四川大学

四川大学有望江、华西和江安三个校区，是“中国十大最美丽的大学校园”之一。望江校区是原四川大学与原成都科技大学的所在地，占地3000多亩，主要为四川大学大三、大四同学及研究生、博士生学习的地方，是四川大学的“总部”。

作为最早的川大所在地，望江校区历经百年风雨，巴山灵秀，咸聚于此；蜀地彦才，聚汇于斯。校园内历史文化底蕴厚重，是读书治学的理想园地。优美的校园环境，深厚的文化氛围，令人有一种“所谓大学当如是”的感觉。

7 九眼桥酒吧街

九眼桥酒吧街位于武侯区一环路南一段，是成都酒吧集聚地之一，为成都夜文化的标志。街上的酒吧鳞次栉比，多达上百家。各家大小不一，建筑风格迥异，大的气势非凡，小的仅可容纳几桌。大多数酒吧既有露天场所，又有室内场所，游人既可以坐在室外的藤椅上欣赏着美丽的风景，品尝着各式美酒；也可以走进室内，跟着音乐节奏尽兴地狂欢。

每当夜幕降临时，酒吧街上霓虹灯到处闪烁，灯火辉煌。人们纷纷选择自己喜欢的酒吧，或三五好友闲聊，或静坐看书，或尽情舞蹈，或聆听动听的音乐，形成一道精彩美丽的夜间风景。

点赞 @夜蒲团 成都锦江河畔合江亭一侧是成都兰桂坊酒吧街，另一侧则是九眼桥酒吧街，不比兰桂坊的昂贵，爱玩爱疯的年轻人总是在另一侧叫上一打一打的啤酒看着球赛疯狂到天亮。

攻略

美食 饕餮一族新发现

来到酒吧街上，除了泡酒吧外，还可以品尝这里的特色美食，小吃、夜宵也让人垂涎三尺。

大海湾酒楼：位于武侯区人民南路三段29号，是一座典型的港式茶楼。酒楼主营粤菜、海鲜、纯正广东晚茶、夜宵，连同早茶自助，形成24小时不间断营业。其中，广式早茶和夜宵最受人喜爱。特色菜有凤爪、虾饺、猪手、奶黄包、皮蛋瘦肉粥等。

老院坝土鳝鱼：坐落在九眼桥酒吧一条街上，招牌鳝鱼味道极具特色，加了很多酸菜或泡菜之类的在里面，口感微脆值得一试。特色菜有土鳝鱼、酸菜泥鳅、海鲜烧烤等。

宜宾第一烤：位于九眼桥宏济上路138号，是一家正儿八经的夜宵店，环境清幽，装修整洁，营业时间到凌晨四点，有各类烧烤，像烤韭菜、烤茄子、烤鲫鱼、烤牛蛙等都颇受欢迎。

娱乐 城市魅力深体验

九眼桥酒吧街酒吧众多，特色不一，游人可以依据自己的喜好选择适合的场所休闲放松。

808音乐大篷车：是一个适合年轻人狂欢的根据地，环境布置优雅，装修颇具特色，有歌手驻唱，还会有动感舞蹈，唱歌时，歌手和顾客经常有互动，现场气氛很好。

挪威森林音乐餐吧：号称成都的“小挪威”，店内装修属于一种森林风，环境优雅舒适，弥漫着浪漫的气氛，每晚有国内外顶级音乐人、歌手驻唱。一边品尝美食，一边听着美妙旋律，是一种享受。

苏荷酒吧：是一个全国知名的大型连锁酒吧，不同于其他酒吧，这里的环境相对安静，吧台圆润古朴，过道里还放置了古老的仪表盘、老电视等工业文明的成果，给人一种特别的感受。

文殊坊

川西“四大丛林”之一

微印象

@八月vivi 走进文殊坊青石小街，逛了逛文殊院的回廊庭院，鸣蝉在耳，清凉入心；尝过了糖油果，吃过了串串，时间能否就此静止呢。

@小布丁 如果在成都遇见你一定带你去文殊坊祈愿平平安安，如果在成都遇见你一定带你吃遍大街小巷的苍蝇馆，如果可以愿和你一直在成都。

门票和开放时间

门票：免费。开放时间：9:00~17:00。

最佳旅游时间

成都文殊坊的庙会年味浓，每年春节期间，文殊坊举办五神拜年，诗词楹联协会书画专家泼墨舞笔，为市民现场写春联送祝福。

进入景区交通

位置：成都市青羊区文殊院街66号。

地铁：市内乘坐地铁1号线到文殊院站下。

景点星级

人文★★★★ 休闲★★★ 特色★★★ 美丽★★ 浪漫★★ 刺激★

文殊坊景区是依托四川著名佛教寺院——文殊院形成的总面积为30多万平方米的中央休闲旅游区。景区以川西街院建筑为载体，以古建筑、古庙遗迹、民俗景观为核心，形成集佛教文化、旅游、餐饮、休闲、购物为一体的多功能都市旅游商业文化区，诠释和传播了老成都的人文风貌、民俗风情和休闲文化精蕴。

文殊院被誉为川西“四大丛林”之一，是成都市知名度最高和香火最旺的寺庙，殿堂之间，主次分明，中轴线上依次分布着天王殿、三大士殿、大雄宝殿、说法堂、藏经楼等五重佛教殿宇，两庑配以钟鼓楼、禅堂、观堂等建筑。

1 天王殿

天王殿是文殊院的第一重殿宇。殿中台座上供奉的弥勒菩萨袒胸露肚，笑面圆润，上方写着“兜率陀天”四个大字。塑像左右两边各供奉着守卫山门的哼哈二将、手拿混元珍珠伞的北方多闻天王、手持青光宝剑的南方增长天王、手拿紫金龙蛇的西方广目天王和手拿碧玉琵琶的东方持国天王。人物形态生动，表情栩栩如生。

天王殿东西两侧是钟楼和鼓楼，钟楼内的幽冥钟高两米、宽两米，重 4500 多斤。钟后供奉地藏菩萨。

❷ 三大士殿

三大士殿位于天王殿后方，建于清康熙三十六年（1697年）。

殿前有一副对联，上联为“见了便做，做了便放下，了了有何不了”；下联为“慧生于觉，觉生于自在，生生还是无生”。三大士殿正中供奉的是观音菩萨。观音菩萨左边为普贤菩萨，其手持如意，坐于六牙白象之上，右边则为文殊菩萨。殿后方左边供奉了关圣大帝，右边则为文昌帝君。武将与文官共奉于此，这座殿堂可谓是文武双全之殿了。

❸ 大雄宝殿

大雄宝殿是文殊院的主殿堂，是文殊院高僧的礼佛场所。正对殿堂供奉的是韦陀菩萨，殿门上有一个“福”字，被来往的游客摸得色如黄金。殿内正中供奉的是释迦牟尼，两旁立的是他的两位弟子：阿难和迦叶。整座殿堂古朴洁净，梵音缭绕。

大雄宝殿殿后方有客堂和餐厅。餐堂的横头是“味道餐风”。联语“一粥一饭皆檀越信施，岂许寻常置嘴；早堂晚堂仰佛天培

攻略

文殊院素斋是一家很有名的素菜馆。菜单内容丰富，详细列明了材料、辣度、口味等。仿荤菜做得精致，看上去和吃上去都和肉非常接近。麻辣鸡块红辣油满盘、白芝麻遍布，豆制品做成的“肉”质地紧实，那叫一绝。

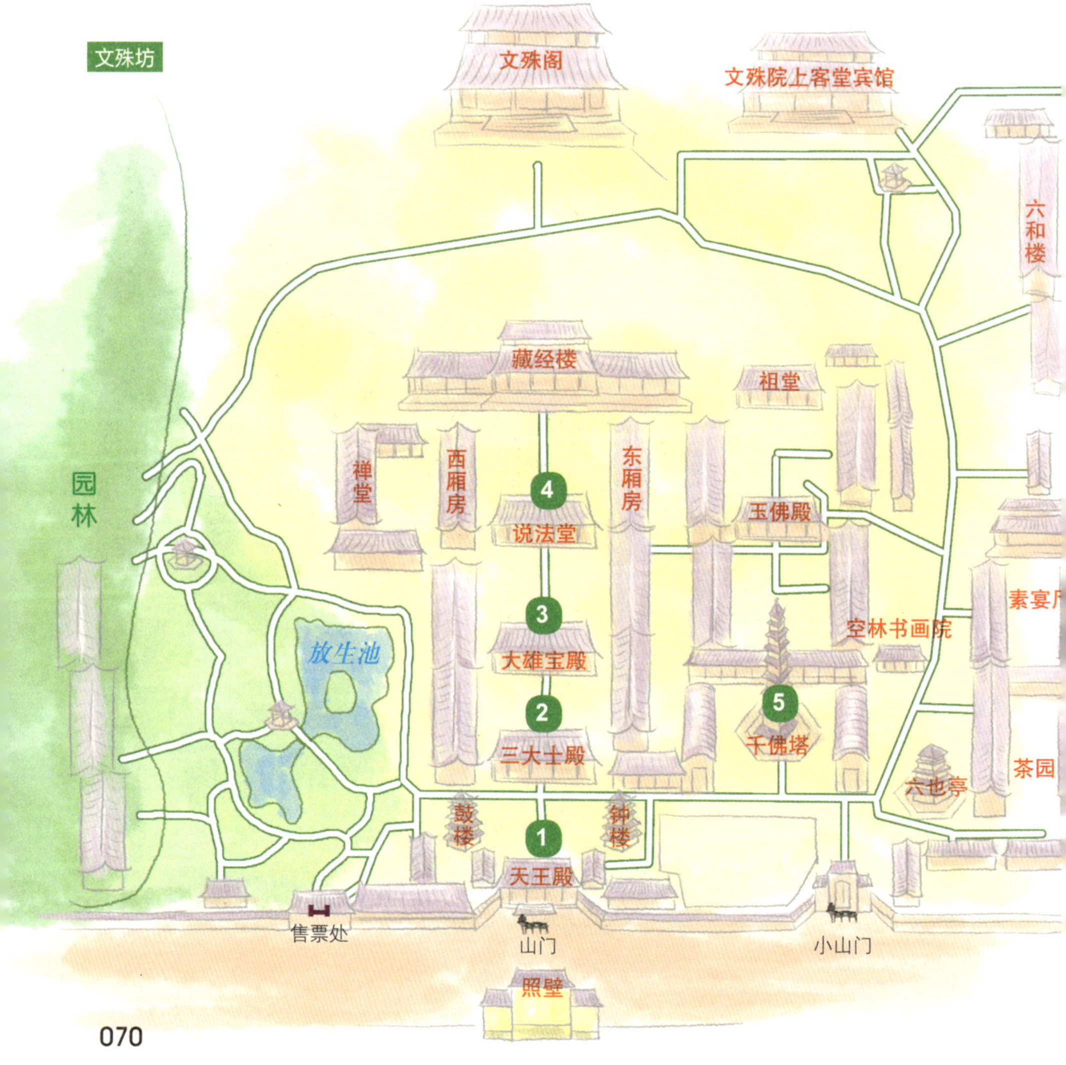

养，各位熏习留心”。柱下有一个印币碑，民间传说许下心愿以后，用一个硬币去印碑上的印子，如果没有掉下来，就表示心愿会很快应验。

链接　双杉表瑞

在大雄宝殿殿后的屋檐下，原有两株五代时期遗留的古杉，历史悠久。清同治十二年（1873年），乘三方丈为纪念慈笃禅师业绩，特于两杉之间建多边形“南无尊胜陀罗尼经幢”。经幢与两棵杉树共同组成文殊院内的“空林第二观”——双杉表瑞。遗憾的是，在20世纪六七十年代，两棵古杉被毁，现在由两株银杏树代替。

4 说法堂

说法堂位于三大士殿后方，殿前有一头正在听经的狮子，为唐代时铸造。其神态憨厚可爱，仿佛听得如痴如醉。

殿内供奉的佛祖是文殊院的“空林第三观”，名为《群窟涌光》。佛祖轻纱透体，神态庄严。殿内总共有历代遗留下来的造像 85 尊，其中护法神 10 尊、药师佛 1 尊、脱纱夜叉大将 12 尊。东西两侧是十八罗汉和二十四诸天，是我国珍贵的雕塑艺术瑰宝。

链接　空林八观

文殊院古称信相寺，康熙三十六年（1697年）重修后更名为“文殊院”。康熙皇帝曾亲笔题写“空林”匾额一块，故又称“空林堂”。

“空林八观”是文殊院在整理院中珍藏文物时，所提出的八件珍贵文物，是文殊院的八件镇寺之宝，定名为“空林八观”：即缅玉敷龛（指寺内五尊缅甸玉佛）、双杉表瑞（原有二株古杉已死现仅存经幢）、天题瞻榜（指康熙题书于说法堂正中的“空林”二字筹）、群窟涌光（指梁武帝时的释迦佛石像一尊，原物存省博物馆）、发绣披珍（清川陕总督杨遇春的长女用头发绣的水月观音大士像）、书堵晖金（书法家杨光圻书写的细书金刚经绢本）、舌华幽宝（四部舌头血写的经书）、田衣绚彩（崇祯的宠妃田妃等绣的一件千佛袈裟）。

5 千佛塔

在文殊院主体建筑的东面有一座千佛塔。此塔为六角形，共11层，通高21米，塔身高15.2米，重27吨。塔壁上铸999尊浮雕佛像，连同底层中央铜铸释迦牟尼佛像1尊，共1000尊，故得名千佛塔。

塔身铸《华严经》《法华经》等各类经文及建塔原因，飞檐翘角上装66条小青龙，佩戴响铃，微风习习，铃声朗朗。塔基下建有地宫，内藏珍贵法物，塔刹为青铜铸造，贴真金而就，壮丽之极。原中国佛教协会会长赵朴初为千佛塔撰写“庄严千佛层层现，护念和平万万年”对联，并书“千佛和平塔”横匾，置于塔身。

点赞

@闻思修证 如此庄严的佛塔，我岂能错过。虔诚合掌，口诵观音心咒，右绕千佛塔108圈，共用了一个小时左右的时间，顶礼而去。愿此绕塔持咒所有的功德回向，一切众生都能够修学佛法、离苦得乐。

6 文殊坊

文殊坊是依托川西传统民居形成的众多院落，建筑为两进式院落、三围式院落以及四合院等风格。

青砖黑瓦，雕梁画栋，朱红大门，花团簇拥的门斗，坡屋顶房檐上的滴水瓦当，青石砌的地板，雕花的窗棂，黑色的楠木柱等都是川西民居的典型特征。重现了老成都街坊肌理，完整演绎了川西建筑中最显著的院落文化。如今依托这些民居发展了很多具有成都特色的商业文化。

攻略

沿着文殊院街尽头右转前行可见在一片古色古香的建筑群中，聚集着众多铺子，这就是文殊坊美食街。美食街小吃品种丰富，价格实惠，性价比高。在此美美地吃上一圈，再就地找个配有无线网络的茶馆，度过一个慵懒的下午，实在休闲惬意。

攻略

美食 饕餮一族新发现

闻酥园（文殊坊店）：位于青羊区文殊院大街文殊坊内头福街17号，是一家成都老字号糕饼店。第一家店铺开在文殊院旁，由于川人“殊”“酥”不分，所以就借着谐音定名为“闻酥园”。闻酥园的泡芙外皮软、实心仔，一口一个好满足。小店生意天天爆满，随时有人排队。

严太婆锅魁（文殊院店）：位于青羊区人民中路三段19号。锅魁是陕西关中地区城乡居民喜食的传统风味面食小吃。严太婆锅魁是现做现烤的，面饼大，馅料足，够味道，每人限购4只。

宫廷糕点铺（文殊院总店）：位于青羊区酱园公所街58号2栋1层56号，是一家相当火爆的店铺。桃酥酥脆、入口即化。肉松卷用料十足，蛋糕松软细腻，价格很平民，做早餐或下午茶都是不错的选择。

钟水饺（文殊坊店）：位于青羊区白云寺街30号。说起钟水饺，那可是成都响当当的名小吃。不同于北方水饺，它个头小巧，皮薄、爽滑、筋道；肉馅新鲜又美味；红油汤底又辣又甜。不管是本地人还是外地朋友，都不会错过这家位置就在文殊院对面的钟水饺。

娱乐 城市魅力深体验

文殊院与很多寺庙相比，更加纯粹。您可以免费领取佛香跪拜祈福，也可以在饭点免费享受佛家的素斋，还可以免费在心理咨询处倾吐自己的烦恼，聆听佛家的教诲。

文殊院中的茶馆，是个清静悠闲的地方，没有嘈杂的人群，没有喧闹的市侩，有的是真正地感受到佛家的六根清净。处在这种环境下的茶馆，有种超凡脱俗的感受，听听寺庙中的诵经声，看看满眼的葱翠，喝上一口清香的苦荞茶，内心有着无比的宁静。

每年正月初一至初三，文殊院在藏经楼举行新年祈福供灯法会，信众们燃亮上万盏酥油灯，摆放成各种漂亮的图案，在春节期间写下寄托祝福心愿。祈求新的一年里家人幸福平安。另外，文殊院于每年农历二月十九日举行观世音圣诞供灯祈福大法会，使众生能于观音圣诞之日沐浴佛恩、超越自我；并护佑国泰民安、风调雨顺、阖家平安、福慧圆满。当天有上千信众皆前往文殊院藏经楼供灯参拜，同享佛辉，共结法缘。每年农历四月初八，本师释迦牟尼佛圣诞吉日，文殊院隆举行盛大的浴佛法会，恭祝释迦佛圣诞。

另外，文殊院皈依法会于每月第一个星期天于大雄宝殿隆重举行，合寺僧众率居士代表迎请首座智海法师升座，宣说皈依要义。

第2章 成都近郊

金沙遗址博物馆
成都非遗博览园
成都欢乐谷
成都大熊猫繁育研究基地
成都东郊记忆
三圣花乡
海昌极地海洋公园
国色天乡乐园
宝光桂湖
桃花故里

成都深度游
Follow Me
慢旅行的倡导者

金沙遗址博物馆

失落的古文明

微印象

@阿狼一族 金沙遗址再现了古代蜀国的辉煌，复活了一段失落的历史，揭示了一个沉睡三千多年的古代文明。

@欢多拉 金沙遗址博物馆真是一个非常奇幻的地方，绝对值得花一天好好逛。不仅仅是身临古代遗址的震撼，各种高科技动画介绍也都运用得很好，让人不觉得枯燥。当然，如果能找到一个特别逗的讲解员就更完美了。

门票和开放时间

门票：70元。开放时间：8:00～20:00（夏季），8:00～18:30（冬季），周一闭馆（1、2、7、8月及法定节假日除外，重大节庆活动除外）。

进入景区交通

位置：成都市青羊区金沙遗址路2号。

地铁：市区乘坐地铁7号线至金沙博物馆站下车。

景点星级

人文★★★★　特色★★★★　美丽★★★★　休闲★★★★　刺激★★　浪漫★★

金沙遗址分布范围约5平方千米，是公元前12世纪至公元前7世纪（距今约3200年~2700年）长江上游古代文明中心——古蜀王国的都邑，遗址出土了世界上同一时期遗址中最为密集的象牙、数量最为丰富的金器和玉器。金沙遗址的发现，为破解三星堆文明消亡之谜找到了有力证据，并把成都城市史提前到了3000年前。

金沙遗址博物馆是在遗址上兴建的专题博物馆。博物馆占地面积30多万平方米，其建筑简洁大方，与遗址环境浑然一体，由遗迹馆、陈列馆、文物保护与修复中心、游客中心和园林区组成。

小贴士

1.金沙遗址博物馆南大门和北大门均设有机动车停车场，南大门、东大门和北大门也配有非机动车停车场。

2.因馆藏内容非常丰富，最好请个导游讲解一下。不要想蹭导游，因为这里跟团游客都会配备专门的耳机，导游都是压低了声音讲解，只有戴了耳机的游客才能听清。

3.陈列馆负一楼设有纪念品超市，主要展示、出售具有金沙特色的各种纪念品。

1 遗迹馆

遗迹馆是在金沙遗址发掘现场建立起来的一座建筑，建筑面积 7588 平方米，展现了中国迄今发现的一处延续时间最长、保存最好、祭祀礼器埋藏最为丰富的古代遗存。主要包括祭祀场所、大型建筑、房址和墓地等。

祭祀场所位于遗址东南部，沿着一条古河道南岸分布，面积约 15000 平方米，这里共出土约 6000 余件金器、铜器、玉石器、象牙等珍贵文物。

大型建筑位于遗址东北部，是一处由 8 座房址组成的大型宗庙或宫殿建筑，总长 90 米、宽 50 余米，由门房、厢房、前庭、殿堂构成。如今只能看见一些断垣残壁。大型建筑周边是当时的居住区，共有 70 多座房屋，分布在 10 多个居住区，在房址周围有水井、生活废弃物的灰坑、烧制陶器的陶窑等遗存。

点赞

@轻乳酪 规模非常宏大，出土的金器、玉器和象牙都是历次出土之最。金器和玉器的做工都是极其细致的，让人感叹3000前的古蜀国人民在没有现代工具的条件下，竟能有如此技艺，值得一看。

@小脚丫 喜欢历史和文化的人到了成都不可不去的地方，相当有历史厚重感。环境优美，布局大气，展品丰富，令人大开眼界，仿佛穿越到了3000年前的古蜀王国。

攻略

遗址馆的北边有一片乌木林，它是考古人员根据乌木发掘遗迹复原而建的。65根乌木矗立在一片沙地上，奇特壮观。这些乌木体态各异，有的笔直如剑，有的弯弯曲曲，使人亲身感受四川古代繁茂的生态环境，同时也可以看出四川古代气候的变迁历程。

2 陈列馆

陈列馆位于遗迹馆北边，共有四层五个展厅，集中展现了金沙时期古蜀先民的生活、生产及其美轮美奂、造型奇绝、工艺精湛的器物。主要包括金器、玉器、铜器、石器、象牙器和陶器等。

金器中最有名的是太阳神鸟金饰，为圆形结构，器身极薄，内层分布有十二条旋转的齿状光芒，外层图案由四只飞鸟首足前后相接，四只神鸟围绕着旋转的太阳飞翔，中心的太阳向四周喷射出十二道光芒，体现了远古人类对太阳及鸟的强烈崇拜，是古蜀国黄金工艺辉煌成就的代表。

象牙器有40余件，它们是古蜀人奉献给天地神灵的重要祭品。有的朝着一个方向摆放；有的被切成饼状或圆柱状，体现出了一种强烈的宗教色彩，具有某种特定的宗教含义。出土的陶器主要包括陶尖底盏、尖底杯、高柄豆、圈足罐等，各个造型都很精美，表现了当时古蜀先民的高超工艺。

攻略 金沙剧场演出

4D电影：景区内的4D影院定时播放《梦回金沙》的4D电影，影片通过高超的技术手段展示了古蜀王国的景象，这个遥远而神秘的国度曾经历了肆虐的洪水，庄严的祭祀，惨烈的战争，感人的禅让等历史场景，特技效果十分动感震撼，宛如身临其境。播放时间为上午：10:30、11:30，下午：13:00、14:00、15:00、16:00、17:00；门票为20元。

音乐剧：博物馆的金沙剧场可容纳观众300多人，馆内定期播放音乐剧《金沙》，用音乐和故事的形式来展示三千年前的灿烂古蜀文明。剧场拥有进口的世界顶级音响，采用全球一流的全数字化灯光系统，营造出如梦如幻的世界。

3 园林区

园林区内有乌木林和玉石之路等文化景观，博物馆主道路西侧是“中国文化遗产标志”的纪念雕塑——太阳神鸟广场。

2005 年 8 月 16 日，金沙遗址出土的太阳神鸟金饰图案被公布为中国文化遗产标志，2005 年 12 月 18 日，在此设立永久性纪念雕塑。园区内还配备有功能齐全的各种服务设施，有停车场、游客接待中心和休息场所等，建筑总面积约 7000 平方米。

链接 太阳神鸟

太阳神鸟金饰呈圆形，器身极薄，图案采用镂空方式表现，内层分布有十二条旋转的齿状光芒；外层图案由四只飞鸟首足前后相接，四只神鸟围绕着旋转的太阳飞翔，中心的太阳向四周喷射出十二道光芒，体现了远古人类对太阳及鸟的强烈崇拜，所以又被称为“四鸟绕日”，是古蜀国黄金工艺辉煌成就的代表。

环绕太阳飞翔的四只神鸟反映了先民们对美好生活的向往，体现了自由、美好、团结向上的寓意；圆形的围合也体现了保护的概念；十二道太阳光芒与四鸟的“十二”与“四”是中国文化经常使用的数字，诸如十二个月，十二生肖、四季、四方等，表达了先民们对自然规律的深刻认识。现在，成都很多地方均使用太阳神鸟的标志，如天府广场、宽窄巷子等，均体现了金沙遗址的文化内涵。

攻略

住宿 驴友力荐的住宿地

金沙遗址附近有许多酒店可供选择。

成都润邦国际酒店：位于成都市“黄金旅游通道”羊西线上素有“美食娱乐天堂”之称的蜀汉路，距离成都市中心车行20分钟左右；距成都火车北站10分钟车程，双流国际机场30分钟车程。酒店整体的设施新、用材好、硬件质量高。

成都艺家风格酒店：位于蜀汉路530号，是一家艺术风格与现代城市生活交融的酒店。酒店富有东西方艺术为主题的装饰风格和内涵，欧式风格和中式风格完美结合，是一处旅途中值得停留片刻的驿站。

美食 饕餮一族新发现

景区内设用餐场所，提供有中餐、西餐及各种成都小吃。西山还设有茶苑，供游客休息品茗。

金沙餐吧：位于金沙遗址博物馆负一层，总营业面积在1000平方米以上，能同时容纳两三百人就餐，是举行中小型商务宴请、婚宴、寿宴以及朋友聚会的上佳之处。独一无二的地理位置加上时尚独特的菜品，配合浪漫优雅的就餐环境，将传统与时尚、餐厅和酒吧完美结合，为大众奉上优雅一餐。

娱乐 城市魅力深体验

春节期间金沙太阳节在金沙遗址公园举办。精彩绝伦的新春焰火，各地传统的风味美食，绝对精彩纷呈。

金沙讲坛是大型公益性文化讲坛，围绕“讲成都、谈天下，通古今、论人生”的宗旨，在成都金沙遗址博物馆金沙剧场定期举办主讲坛现场讲座。讲座每年3月至10月开讲，每周一讲，一般在每周六的下午。

行程推荐 智慧旅行赛导游

线路一：南大门—中国文化遗产纪念雕塑—遗迹馆—陈列馆—北大门。

线路二：东大门—遗迹馆—陈列馆—西山茶苑—玉石之路—南大门。

成都非遗博览园

穿越时空寻找民俗风物

微印象

@乐颜 数十种不同的“巨型”风筝漫天遨游，川西少数民族青年男女情歌对唱，抛绣球、舞腰鼓、打太极、耍摔跤，还有平时难得一见的千人狂欢大巡游，让整个博览园热闹非凡。

门票和开放时间

门票：80元（含博览中心二层及陶艺手工制作）。开放时间：周二至周五9:30~17:00，周六至周日9:00~17:30，周一闭馆（法定节假日除外）。

最佳旅游时间

游览非遗博览园全年皆宜，5月最佳。每年的5月份博览园都会举办盛大的非遗文化节，届时代表各国精粹的非遗项目都集中展示，精彩纷呈的演艺、展览纷纷上演。

进入景区交通

位置：成都市青羊区光华大道二段601号。

地铁：乘坐地铁4号线至非遗博览园站下车。

景点星级

人文★★★★　休闲★★★　特色★★★　美丽★★　浪漫★★　刺激★

成都非遗博览园是全球首个以非遗文化为主题的园区，为国际非遗节永久举办地。

博览园汇聚了世界非遗文化精粹，按照性质不同分为五洲情、世纪舞、西城事、时空旅和百味戏五大景区，通过非遗文化科普教育、互动性的非遗文化体验、多元化的休闲娱乐项目、全年不断的非遗节日庆典活动，呈现出精彩的非遗文化盛宴。

成都非遗博览园

❶ 五洲情景区

五洲情景区位于博览园西侧，寓意以中华文明之博大精深接轨全球文明。景区以酒店度假、会议会展为主题，集聚了全球知名的五星级酒店。在酒店的南侧为约 2 万平方米的会展中心，通过举办各种国际论坛、高端峰会及非遗专题艺术展等活动，搭建世界性的文化平台，让世界文化融入中国，让中国文化走向世界。

❷ 世纪舞景区

世纪舞景区位于国际非遗博览园主入口区域，分为以“非物质文化遗产”为主题的博览中心和大型庆典广场两个部分。博览中心通过国际国内非遗文化展览及其现代的创意表达等方式，立体式、全方位呈现非遗文化多姿多彩的生命活力。

庆典广场可同时容纳两万人，中央建有整个博览园的地标性建筑——“世纪塔”，塔高约 60 米，可俯瞰整个园区美景。广场每逢节庆时，都会举办盛大的庆典活动，壮阔的场景和梦幻般的瑰丽色彩，集灯光、音乐、视频、焰火于一体，更添一份精彩。

攻略

1.中心广场戏台上每天都会有精彩的演出，最精彩莫过于川剧变脸、吐火等传统艺术表演。文化节期间，演出更是多种多样，如集身、鼓、神融为一体的朝鲜族长鼓舞，泉州提线木偶，傣族孔雀舞等充分展示原生态歌舞的非凡魅力。

2.世纪舞广场西侧，定期举行中国古琴艺术大展，每天还有古琴音乐会，由国内的古琴大师、名家联袂演出。

3 西城事景区

西城事景区位于博览园东侧，为中国非遗传统手工艺展示空间，包含8个现代中式院落组成的非遗文化主题体验区和1个以福建土楼为原型而设计建造的多功能剧场。

体验区的8栋院落式建筑各具特色，展示了中国非遗名录中经典传统手工艺。每逢非遗文化节，这里是各种非遗项目的集中展示场所，如糖画、蜀锦、蜀绣、漆器、瓷胎竹编、银花丝技艺等。

点赞 @大象的耳朵 成都非遗博览园内有很多过去寻常百姓家生活场景的静态雕塑，记忆中祖父家的灶房也是这样的。

攻略

曾经挑担提盒，走乡串镇，制作于街头的面塑来到非遗博览园，带给游客不一样的体验。游客可以亲自动手，做一个栩栩如生的面人带回家，也可以学学剪窗花，成就一幅美丽的剪纸作品。

4 时空旅景区

时空旅景区是全球非遗文化展示与娱乐空间，由儿童非遗体验中心“魔幻城”、非遗庆典娱乐空间“欢歌汇”和非遗时尚风情街“海天下”三大功能区组成。

儿童非遗体验中心融合科技展厅、卡通剧场等功能，实现非遗文化立体式的参与和互动。娱乐空间每逢非遗文化节，来自泰国、俄罗斯、比利时等国家的充满异域风情的表演吸引了大量游客前往观看。

点赞 @胥波的微博 博览园里逛龙狮大庙会的小朋友摆出与雕塑一样的姿势，那认真的神情仿佛是真的在燃放鞭炮一般，相当可爱。

5 百味戏景区

百味戏景区以中华民族传统民间表演艺术、非遗美食文化为主题，将中国各地的音乐艺术、舞蹈、戏曲曲艺、杂技竞技、各地餐饮美食及其制作技艺的互动性表演融为一体，再现中华文化的光辉灿烂。此外，景区的百家宴汇集了国内外各种美食，带来丰富的饮食体验。

攻略

竹竿舞，是海南黎族群众在婚庆、丰收等喜庆日子里跳的舞蹈。在景区除了可以欣赏美丽姑娘和帅气小伙表演的竹竿舞之外，游客也可以亲自上阵，体验一下如此生活化和艺术性并存的舞蹈。

攻略

美食 饕餮一族新发现

博览园百味戏景区的百家宴美食街，国内外各类美食、地方小吃、中华老字号、特色餐饮等多样化的美食齐聚，可以在这里吃遍最正宗、最美味的美食，草原生态烤肉、日本芙蓉虾、绍兴臭豆腐等，节日期间还有平日难得一见的精湛的餐饮活态技艺表演。此外，还可去非遗博览中心的中华食苑体验各种经典美食。

娱乐 城市魅力深体验

博览园的快乐庄园提供全程栽培托管，体验式菜地耕种。喜欢生态休闲的人们可以抛开城市的喧嚣，认养自己最喜欢的农作物，插上属于自己的农庄标牌，享受一把“人在田中，田在园中，园在城中”的新都市田园生活。

农业生态园根据《易经》，对应二十四节气，划分为二十四块田地，与周边科普菜地共同组成完整的太极八卦图。骑单车漫游在生态园田间小径，在亲近自然之时，彻底放松身心。

博览园的博览中心实现了高科技与活态传承的完美融合，如电子川剧脸谱、自动翻页的电子百科全书等。观众只要站在屏幕前，晃一晃自己的头，或是挥一挥手，屏幕上就会变换出多种川剧脸谱。

非遗文化节：每年5月份在园区举办，届时代表各国精粹的非遗项目都集中展示，精彩纷呈的演艺、展览纷纷上演。

新春花会：春节期间，博览园内汇集成都史上最多最全的世界风情花卉，珍稀品种三色堇、冰岛虞美人、紫罗兰、石竹、白头翁、柳穿鱼等多种名贵花种，数量高达上百万株。

行程推荐 智慧旅行赛导游

美食休闲之旅：五洲情—世纪舞—中华食苑—百家宴美食街区—百味戏—时空旅—西城事。

手工艺探索之旅：五洲情—非遗产品展销—名汇坊—非遗传统技艺街区—世纪舞—百味戏—时空旅—西城事。

观光农耕之旅：五洲情—非遗大道景观带—世纪舞—天地耕农业生态园—西城事—观稼台二十四园—田地绿道—祈福广场—碧茶山—茶文化体验馆—快乐庄园—时空旅。

非遗魅力之旅：世纪舞—非遗博览中心展览区—非遗传统技艺街区—中华食苑—名汇坊—沁文书斋—西城事—农业生态绿道—茶文化体验馆—快乐庄园—时空旅。

成都欢乐谷

西南最好的主题乐园之一

微印象

@豆颗 神奇的冰露悬浮空中，泉水倾泻不停，成都欢乐谷的魔术喷泉，充满神秘的色彩，还有魔术揭秘哦。

@星空 又来成都欢乐谷，在雨中激流勇进，强烈推荐飞越西部飞行影院，真的身临其境，在祖国大好河山飞行。

门票和开放时间

门票：全价票230元，学生票190元，儿童票120元，夜场票100元。

开放时间：日场：9:00～22:00（周日至周四），9:00～22:30（周五至周六）；夜场：17:00～22:00（周日至周四），17:00～22:30（周五至周六）。

最佳游览时间

夏季最佳。每年夏天，欢乐谷的欢乐水世界开放，各项水上游乐顶级设备，带来阵阵强劲清凉旋风。

进入景区交通

位置：成都市金牛区西华大道16号。

地铁：市内乘坐地铁7号线至西南交大站，再转乘48路公交至华侨城站下车；或乘坐地铁2号线至茶店子站，再转乘209、656路公交至华侨城站下车。

景点星级

刺激★★★★　休闲★★★★　特色★★★　浪漫★★　美丽★★　人文★

成都欢乐谷是西部地区规模最大、最具生态特色、最具时尚魅力的现代主题乐园，配备了100多项游乐体验观赏项目。

欢乐谷很多设备都采用国际先进标准，这里拥有中国第一台Mega过山车，中国第一套双龙过山车组合设计，中国第一个顶仓旋转式飞行岛和中国荧幕最大的4D影院等16套国际国内顶尖的大型游艺设施设备。一期欢乐谷分为阳光港、欢乐时光、加勒比旋风、巴蜀迷情、飞行岛、魔幻城堡、飞跃地中海等七大主题区域，二期欢乐光年是成都欢乐谷的第八大主题区域。

小贴士

园区游客服务中心位于巴蜀迷情主干道附近，可在此处领取公园导游图、园区表演时间表等相关信息和资料。另外欢乐谷医务室位于加勒比区，母婴休息室位于魔幻城堡区。

1 阳光港区

阳光港区是成都欢乐谷的入口分区，从这里就将开始精彩的时空之旅，包括阳光广场和水上舞台两大部分。阳光广场足以容纳5000多人，不时上演活泼可爱的卡通迎宾、妙趣横生的街头滑稽等节目。每当大型节庆来临，演员还将在水上舞台上演精彩歌舞表演。除此之外，该区域还配备了运营管理设施和游客服务设施。

2 欢乐时光区

欢乐时光区聚集了众多精彩刺激的游乐设备，让人在风驰电掣的瞬间感受着游乐激情和力量。比较有名的项目有水上摩天轮、欢乐转马、DISK‘O’、能量风暴、旋转飞椅、碰碰车、幽灵惊魂、天地双雄。

其中天地双雄为模拟飞船发射，它在1.8秒钟内冲上60米的高空，又以1g的加速度回归大地，产生17米/秒的强劲速度，感受宇航员乘坐宇宙飞行器飞向太空又回归大地的惊险过程。

3 魔幻城堡区

魔幻城堡区是孩子们的乐园，其最大的亮点在于以蚂蚁的微观视角来审视世界，同时多彩可爱的童话精灵隐匿其间，营造出一个童话般的国度，让游客充分感受魔法的奇妙。分为转转马、北极探险、疯狂巴士、墨西哥大草帽等多个项目，融娱乐性、教育性、互动性、景观性于一体。

点赞 @ windermere 丫头小时候就最爱魔幻城堡，现在她可以玩越来越多的游戏了，我们一家人的欢乐，都有欢乐谷的影子！

4 飞跃地中海区

飞跃地中海区以惊险刺激的大型游乐项目为主，带给游客强烈的感官体验。景区的主要项目有云霄飞龙、飞跃地中海，等等。此外，极限运动场汇集了国内外顶尖的小轮车、滑板、滑轮、扣篮选手，在此挑战极限，上演各种高难动作，展示速度与技巧的完美结合。

5 加勒比旋风区

加勒比旋风区以大型水上娱乐项目为主，带给游客各种惊险刺激的水上娱乐体验。在这里，游客可以体验天旋地转、加勒比风暴、水上狂欢广场等水上项目，还可以观看加勒比海盗表演。该表演由美国引进大型水陆空特效剧场，由国外著名特技大师上演，结合了爆破、枪战、烟火、声光、快艇特效、高空跳水特技等多种尖端特技，精彩绝伦。

6 巴蜀迷情区

巴蜀迷情区的各种项目充分体现了成都的特质，是成都人“自己的”乐园区。登上景区的鱼凫观光塔，眺望鱼凫美景，仿佛重回鱼凫古国，缠绵画卷尽收眼底；矿山车化身为穿梭于雪域之间的长龙，在古蜀碉楼间迂回驰骋……

7 丝路传奇区

从喧嚣的波斯湾集市，到神秘的敦煌飞天，再到千年风蚀的古老卫城和奇妙的卡迪夫绿洲。你将在这里穿过古老的东方城堡、神秘的西亚古城以及浩瀚无垠的沙漠，跟随丝绸之路上的驼队踏上一场极具异域风情的冒险之旅！

8 欢乐光年区

欢乐光年区是成都欢乐谷二期建筑，占地面积约 3.7 万平方米，以“欢乐光年”命名，是成都欢乐谷第八大主题区。“欢乐光年”主题区以“科技时尚、家庭娱乐”为主题，引进亲子类、家庭型游乐设备，具有文化性、独具性、互动性的特点。

欢乐光年区有全球超大球幕飞行影院“飞越西部”，国内首创 3 屏 4D 全景式影院“深海探奇”，X 战车、星际飞翔、弹跳车、冲浪者等游乐项目。你想到的，你想不到的，都将在这里充分体验。

点赞 @香蕉先生 飞越西部壮丽山川美景，体验凌空俯瞰的磅礴气势，感受极速飞翔的视觉快感，领略西部锦绣山河。身临其境，感受视觉的冲击，穿越时空的欢乐奇幻之旅尽在成都欢乐谷二期。

成都欢乐谷表演时间表

区　域	表演地点	表演节目	平日表演时间	周末表演时间
外广场	阳光港外广场	奇思妙想嘉年华	/	9:45
		高跷木偶真人秀	11:30	10:35
内广场	阳光港舞台	疯狂乱打 SHOW	/	10:30
		至高舞尚	11:00	11:00
欢乐时光	高空杂技	滑稽·欢乐杂技 SHOW	11:30/14:00/16:10	11:30/14:00/16:10
	欢乐剧场	欢乐奇缘迎宾 SHOW	16:45	16:45
		恐龙来啦	13:00/16:45	13:00/16:45
		华丽的贵族	16:10	16:10
		欢乐奇缘	17:00	17:00
	欢乐光年·阳光港	缤纷狂欢大巡游	/	13:00
欢乐·魔幻	巡演	滑稽·你瞅啥	11:30/13:30/16:50	11:00/12:30/16:50
魔幻城堡	转转杯	孩子，爸爸爱你	12:20	11:30
	魔幻剧场	金面王朝	12:00/14:00/16:00	12:30/14:00/16:00
魔幻城堡·欢乐光年	巡演	欢乐大轮车	12:00/16:30	12:00/16:30
加勒比旋风	铁船	神秘部落奇遇	12:30/14:20	11:00/14:20
	狂欢小舞台	欢乐光年歌组合	13:30	13:30

续表

区　域	表演地点	表演节目	平日表演时间	周末表演时间
巴蜀迷情	抓壮丁剧场	抓壮丁	14:00	14:00/16:00
	巴蜀广场	抓壮丁巡游	/	13:35
		蜀都映象	14:40	14:40
		保长巡街	13:15	11:45
		三嫂子招婿	13:30	12:00
飞跃地中海	桥头喷泉	街头音乐	12:30/13:30/16:30	11:00/12:30/16:30
	极限运动场	花式扣篮 SHOW	13:30/16:20	13:30/16:20
	欧风街舞台	时尚乐队	13:00/14:00/16:00	12:00/14:00/16:00
丝路传奇	西域舞台	古丝路随想	11:40	12:00
		丝路传奇	15:10	15:10
		西域音乐 SHOW	12:30/16:30	11:30/16:30

周一停演

以上表演时间及节庆活动的演出以当日公告为准，详见官网：http://cd.happyvalley.cn

攻略

景区交通 游遍景区不犯愁

景区游览车包括老爷车和电瓶车，成人票30元，儿童票20元，游客可随上随下，限当天使用，并提供导游讲解服务。

美食 饕餮一族新发现

欢乐谷里饮食非常方便，每个主题活动区域都有餐馆，如高比大厨、欢乐时光肯德基餐厅（欢乐时光周边），老船长餐厅（加勒比旋风周边），巴蜀餐吧（巴蜀迷情周边），假日茶吧（飞行岛区周边），魔幻厨房（魔幻城堡周边）和灯塔餐吧（飞跃地中海周边）。

娱乐 城市魅力深体验

欢乐谷内时常上演各种精彩绝伦的歌舞表演，如根据四川本地特色创作的《抓壮丁》实景枪战打斗表演、大型歌舞晚会《指针》、由彩车和表演方阵组成的欢乐大巡游、鸟类互动表演等精彩节目。另外，每年春节时景区内都有精彩的一系列杂技绝活秀，如肩上芭蕾、美女挑战人体柔韧极限、杂技呼啦圈、软钢丝等。

欢乐谷内还设有为孩子们准备的卡通剧场，如滑稽小丑、魔术表演、杂技表演、街舞、极限运动等演出。

每年，欢乐谷节庆不断，激情四射，国际流行音乐节、国际滑稽节、极限运动国际精英挑战赛、国际魔术节、万圣狂欢节、圣诞节等大型节庆活动都在这里举行，不仅可以看到各种精彩的表演，还能享受那种狂欢刺激的气氛。

成都大熊猫繁育研究基地

国宝的成长乐园

微印象

@超级小屁达 在这个全国暴雨横行的一天，从重庆穿过遂宁到达成都，下午去了大熊猫繁育研究基地，看到了爬在树上的熊猫，好可爱，下辈子转世做一只熊猫吧！

@阡上陌离 在大熊猫繁育研究基地，大熊猫、小熊猫等珍稀濒危动物在这里悠然自得地生息繁衍。馆舍内、草坪上，大熊猫或卧或坐，或饮或嬉，或进或出，各得其所，令人陶醉。

门票和开放时间

门票：55元，园内观光车10元/人。开放时间：7:30~18:00。

进入景区交通

位置：成都市成华区外北熊猫大道1375号。

地铁：市内乘坐地铁3号线至熊猫大道站下车，再转乘公交198/198A路至熊猫基地站下车。

景点星级

人文★★★★　休闲★★★★　特色★★★　美丽★★　浪漫★★　刺激★

成都大熊猫繁育研究基地位于成都市北郊斧头山侧的浅丘上，是为拯救大熊猫而兴建的具有世界水平的集旅游和科研为一体的景区。

基地翠竹葱茏，绿树成荫，花香鸟语，空气清新，山野风光和人工景观巧妙融合。大熊猫、小熊猫、黑颈鹤等珍稀濒危动物在这里悠然自得地生息繁衍。主要景点有天鹅湖、大熊猫博物馆。

小贴士

成都大熊猫繁育研究基地在入口处设有讲解服务站，对想进一步了解大熊猫知识的游客提供优质的讲解服务，可为中外游客提供中英双语讲解服务。另外成都大熊猫繁育研究基地还可提供动植物专家讲解。

1 大熊猫博物馆

大熊猫博物馆是世界上最早的为稀世珍宝大熊猫建立的博物馆，展示了迄今为止人类对大熊猫的认识成果。通过多幅珍贵的大熊猫照片和翔实的文字，全面地介绍了大熊猫的演化历史、古今分布情况、大熊猫野外生态习性、野外保护大熊猫及人工繁育大熊猫成果。此外，博物馆还设有“蝴蝶世界与昆虫”等主题展览。

链接 成都与熊猫

成都自古就和大熊猫结下了不解之缘，从化石发现来看，早在4000 多年前就有野生大熊猫分布。而现在的成都则是全球唯一一个既有圈养大熊猫又有野生大熊猫生活的特大城市。

从秦岭，到岷山、邛崃、大相岭、小相岭和凉山等六大山系的熊猫栖息地，成都位于这一栖息走廊的中央位置。1953 年1 月17 日，一只野外大熊猫在都江堰玉堂镇被发现，并救护至成都动物园斧头山饲养场（繁育研究基地前身），该熊猫为新中国成立后第一只被救护个体，从此开启了我国大熊猫的救护之路。

2 大熊猫生活区

大熊猫生活区是专门放养大熊猫的地方，共包括大熊猫兽舍、幼年大熊猫别墅、亚成年大熊猫别墅、成年大熊猫别墅和熊猫产房等几个部分，全方位地展示了熊猫的生活。

熊猫们有的在树上倒挂金钟，有的四脚朝天啃竹子，有的扭捏但稳健地爬树，有的蹲坐着发呆，更多的是在闲卧东床睡觉，几乎就是功夫熊猫的现实的版本。熊猫产房是大熊猫的育幼室和幼儿园，每年的秋天，游客都可以在这里透过玻璃墙一睹大熊猫宝宝粉红色的真容。

攻略

来到大熊猫生活区可以看到这些黑白相间的精灵憨态可掬的模样。如果喂食一些竹子，它们就会大摇大摆地走过来，用它们的“肥手”和你近距离接触，看它们卖萌的表情，惹人喜爱。

小贴士

1.熊猫天生喜欢安静的环境，对喧闹敏感。所以在游玩时，请不要随便发出异常、尖厉的声音，这样会惊扰到它们。

2.拍照的时候，请不要用闪光灯，特别是熊猫幼仔，它们的眼睛对光非常的敏感，闪光灯强光很可能伤害到它们。

3.不要给熊猫喂食，您的食物并不适合它们，也不要采摘基地的竹子喂熊猫。因为熊猫每天的食物都是饲养员定量供给的。

点赞 @四月的蒲公英 看完了大熊猫，还可以看见小熊猫，一群长着长长的尾巴，红黑相间的小家伙在树林间跳跃追逐，时而在草地上打闹，时而围着竹子大吃特吃，时而在树枝间小憩，悠闲无比。

3 天鹅湖

天鹅湖占地面积达 10 万平方米，其中水面面积达 3 万多平方米，是一个集湖泊、草地、林地、浅滩为一体的生态湿地，为成都市各大公园中最为完整的湿地生态系统。

湖周边一万平方米的玫瑰苑彩蝶翩翩，各色玫瑰竞相开放，微风拂过幽香浮动，沁人心脾；麻竹、斑竹、观音竹等观赏竹成片种植，形成了独特的竹景观。湖中珍贵水禽自在悠闲地浮游，五彩的锦鲤在水中自由自在地畅游。

攻略

天鹅湖边的木栈道旁设有休息区，游客可以泡上一杯茶，慢慢欣赏在湖面上游弋嬉戏的多种水禽。优雅的黑天鹅、白天鹅，成群结队的绿头鸭、大雁、鸳鸯，还有颜色鲜艳的锦鲤，可以让你体会到人与自然的和谐。

攻略

景区交通 游遍景区不犯愁

成都大熊猫繁育研究基地步行游览需要3个小时，乘坐电动观光车游览基地需要1至2个小时。票价10元，站点：售票处→天鹅湖→大熊猫魅力剧场→小熊猫活动场→大熊猫太阳产房→大熊猫2号别墅→大熊猫月亮产房→大熊猫1号别墅（终点站，此处游客只下车，不上车）→大熊猫月亮产房→大熊猫2号别墅→大熊猫太阳产房→小熊猫活动场→大熊猫魅力剧场→大熊猫14号别墅→售票处。

美食 饕餮一族新发现

竹韵餐厅：餐厅坐落在美丽的天鹅湖畔东南侧，占地面积近900平方米，拥有上下两层楼，大小包间7间，可同时容纳300余人就餐，是成都市唯一一家竹文化特色餐厅，室内装饰与菜品、餐具无不体现中国大熊猫文化。

玫瑰苑餐厅：餐厅位于美丽的天鹅湖东岸，占地面积200余平方米，拥有露天圆桌16桌、室内卡座20余座，可同时容纳200余人就餐。餐厅环境优美，四季百花争艳。

熊猫时光咖啡屋：位于大熊猫魅力剧场旁，室内占地面积130余平方米，室外占地面积370余平方米，拥有室内卡座12桌，可容纳50余人；室外圆桌23桌，可同时容纳80余人。熊猫时光咖啡屋室内环境温馨，室外景色宜人。

娱乐 城市魅力深体验

成都大熊猫繁育研究基地设有服务区，您在游览之余可以去逛逛，基地现有“大熊猫太阳产房原创潮流礼品店”“大熊猫幼体活动场礼品店”“博物馆礼品店”“魅力剧场礼品屋”四处纪念品商店。木质的房屋结构和室内装饰全部采用仿生布局，与园区内自然生态的参观环境相得益彰。纪念品屋内合理的布局和精巧的设计为中外游客营造出一个温馨的购物环境。“大熊猫太阳产房原创潮流馆礼品店”有丰富的熊猫主题衍生原创纪念品，如果您在参观之余还意犹未尽，不妨把“熊猫”带回家，让生命与自然之美永远陪伴着您。

在给大熊猫加工食物的地方，您不光可以学习到熊猫食物——竹子的知识，还可以了解大熊猫吃的窝窝头的制作过程，有兴趣的话还可以品尝品尝。

在仿生运动场，您还可近距离观看不同年龄段的大熊猫的生活状态，看大熊猫或卧或坐，或饮或嬉，或进或出的嬉戏画面；在大熊猫产房，可零距离欣赏大熊猫母亲哺育幼仔的生动场景。

成都东郊记忆

成都人的音乐工厂

微印象

@万岁爷Vance 音乐公园里面闲逛，偶就是爱艺术，别叫偶停下来。

@Breechen 经常有民间歌手在成都东区音乐公园办“LIVE SHOW”，很有气氛很带感，支持大众音乐。

门票和开放时间

门票：免费。开放时间：全天开放。

进入景区交通

位置：成都市成华区建设南路中段4号。

地铁：市内乘坐地铁3号线至红星桥站下车，再转乘公交180路至建设南路站下车。

景点星级

休闲★★★★ 人文★★★★ 特色★★★ 美丽★★ 浪漫★★ 刺激★★

成都东郊记忆是国内首家集生产、体验、消费、结算等音乐全产业链于一体的主题文化街区，也是一个集工业技艺和时尚音乐为一体的魅力街区。公园曾经是“国营红光电子管厂”的旧址，巨大的烟囱、让人充满回忆的标语、保存完好的工业老厂房，融入了咖啡、音乐、酒吧等现代元素，传统与现代融合，处处充满了设计感，让人在怀旧艺术中感受到了现代艺术的冲击。

作为成都旅游的一张新名片，东郊记忆分为美食坊、明星街、成都舞台、演艺中心、天籁街、酒吧工厂和星工场等7个区域，形成了包括商务办公、演艺与展览、音乐培训、音乐主题零售、酒吧娱乐的综合性园区。

1 天籁街

天籁街是一条处处充满天籁之音的音乐街，街道两旁设置了 8 个以上单间投资数百万元的视听室和录音棚，它们是由成都本土 8 家以上老牌高端音响器材经营商以及几十个全球顶级音响品牌共同打造的，是孕育成都本土音乐的摇篮。

2 酒吧工厂

酒吧工厂顾名思义就是酒吧的聚集地，它们大都是由旧厂房改建而来，是古老和时尚完美结合的典范。酒吧里既有舒缓的古典音乐，又有劲爆动感的流行音乐，将古典和流行巧妙的契合，让澎湃的艺术气息流淌在每个听众的血液中，充分展现了音乐的魅力。

点赞 @天府龙门阵 成都东区音乐公园里弥漫着最新潮的气味，时尚、魅惑。这里的俊男俊女够扯眼球，这里的音乐酒精让人尖叫……

3 星工场

星工场是成都东区音乐公园的核心景区之一，是普通人成就明星愿望的造梦工厂。星工场结合各种优势资源，形成了集培训、演艺、发布、出版、明星衍生产业于一体的系列造星产业链。在这里，任何人都可以自己 DIY 音乐或电影，出演一回主角。

4 美食坊

美食坊位于公园北门附近，这里云集了各种各样的美食，不出公园就能将各地美食尝尽。美食坊容纳了包括食画花园餐厅、映象东郊食堂、首席 1956 在内的几家颇具特色的餐厅。

其中，以“首席 1956”为代表的创意餐厅，维持了原电子管厂的风貌，保留了老食堂的印记、老车间的元素，同时又营造出一个全新的创意用餐空间，从装修风格、菜肴和器皿的选择上，秉持了对工业文明印记的呈现和对新中国传统产业工人历史的片段展现。

5 成都舞台

成都舞台位于美食坊后面，是一个大型公益、文化活动场所，通过组织各种公益演出和文化活动，为市民和游客免费提供一个展示自我、抒发情感的群众性舞台，也可以说是属于每一个成都人的舞台。

6 演艺中心

演艺中心位于成都舞台的西面，是东区音乐文化的展示中心和全球传播高地。在这里，可以听到各式各样的时尚流行音乐，了解每种音乐背后的文化。

7 明星街

明星街位于公园东边，主要是明星衍生品的汇集区，同时也是歌迷与艺人互动的天堂。景区联手各大音乐公司及知名艺人在园区内建立衍生品专卖店，计划设置 12 家。店铺全部用知名艺人的名字命名，里面出售正版授权的明星衍生品，包括 CD、服装和首饰等。

攻略

购物 又玩又买嗨翻天

音乐公园的火车头广场是一个让人顿生回忆的地方。一列标号为1519的四川境内第一批蒸汽式火车头和两节绿皮车厢，依然停在一段保留完好的铁轨上。广场还有身穿旧式工作服的吆喝着做些买卖的小贩，还原出记忆中那个年代的场景。

此外，音乐园的中央大道汇聚了出售各种稀奇古怪的音乐类、创意类作品的零售店，如陶瓷乐器、二胡、手鼓、BEATBASE的专业DJ打碟工具、顶级发烧音响和古典音乐唱片等，让人大饱耳福。

美食 饕餮一族新发现

音乐公园内的餐厅多集中在公园北门的美食坊附近，与别处不同的是，身处在艺术氛围中的餐厅也变得颇具情调，从装修到口味都让人在品尝的同时备感惊喜。

食画花园餐厅：位于建设南路89号。餐厅内流水潺潺，竹影摇曳，宽敞的用餐大厅，传统与现代元素相融合。精致的器皿配精致的菜品，新派川菜的风格展现得淋漓尽致。

虾小侠：位于建设南路26号。这家店可以吃到各类海鲜，小龙虾是主打菜，店家不惜重金从国外引进高科技洗虾仪器来深度清洁小龙虾，这也让吃客吃起来放心。除了小龙虾，我们还可以吃到蒜蓉蒸扇贝、锡箔纸烤鲍鱼等。

娱乐 城市魅力深体验

音乐园内汇集各种个性娱乐休闲场所。从书吧到酒吧，从音乐创作到DIY电影，这里处处充满了创意休闲的别样快乐。

影立方773IMAX影城：位于建设南支路4号，影城由上世纪五六十年代老厂房改建而成，共有8个符合国际标准的现代化数字影厅共1543个座位，其中IMAX厅可容纳488人，独特的厂房结构也为宽22米，高12.6米的巨幅银幕提供空间环境。影立方773IMAX以科技、潮流、文艺为主导理念，IMAX3D银幕系统，让观众身临万象，感受极限。

X先生密室：号称成都最一流的密室逃脱。密室设备机关华丽，使人意想不到的身临其境，密室关卡设置非常奇妙，通关的成就感只可意会不可言传。

音乐房子cafe：汇聚了音乐创作、音乐展演、音乐经纪、音乐版权、传媒等产业链上各优势品牌，举办各种演出活动，如电音表演、电子提琴的NEW AGE音乐、电影原声现场演奏、音乐剧、经典话剧《有多少爱可以胡来》、女子新民乐、川剧、样板戏等。定期举办的各种音乐节更是精彩不断。

成华区声音啤酒馆：位于建设南支路4号，可以感受纯正的吧台文化。背景是舒缓的蓝调音乐，品尝一杯优雅的鸡尾酒，或者再来点更棒的爵士乐，品味德国空运来的新鲜啤酒，了解德国的啤酒文化和有趣的德国小鸡舞。

轩客会格调书店：位于成华区建设南路70号。店内舒适的环境，慵懒的调调，适合那些悠闲发呆、散漫地聊天的朋友，有简餐、茶、咖啡、音乐和过去的记忆。

三圣花乡

幸福的花样乡村

微印象

@清馨情愫 炎炎夏日恰是观赏荷花的时节，全家在女儿生日这天游览了三圣花乡荷塘月色，行走在木桥中央，阵阵的清风夹杂着荷花的幽香扑鼻而来沁人心脾，令人心旷神怡。

@小竹子CICI 清晨雨洗蓉城，空气温润清甜；午后品茗花香，夕阳下漫步池塘，这里是三圣花乡。

门票和开放时间

门票：免费开放。

开放时间：9:00~18:00。

最佳旅游时间

三圣花乡最大的特色就是“花”，这里一年四季都有看不完的花。另外每逢盛夏，“荷塘月色”景区便成了市民们消夏避暑娱乐休闲的最好去处。

进入景区交通

位置：成都市锦江区赏菊路。

地铁：乘坐地铁2号线至洪河站下车，换乘406路公交至曾家坡站下车。

景点星级

美丽★★★★　休闲★★★★　特色★★★　浪漫★★★　人文★★　刺激★

三圣花乡是一个以观光休闲农业和乡村旅游为主题的城市近郊生态休闲胜地，也是全国建设社会主义新农村的典范。

三圣花乡涵盖成都锦江区的五个村落，包括幸福村的“幸福梅林”，江家堰村的“江家菜地”，红砂村的“花乡农居”，驸马村的“东篱菊园”和万福村的“荷塘月色”，这五大景区交相辉映、互为依托，形成成都乡村旅游精品线路的“五朵金花”。在这里，不仅可以感受到朴实的乡村文化，还可以体验回归田园，拥抱自然的别样情趣。

1 幸福梅林

幸福梅林地处幸福村，村中遍种梅花，栽植梅树20多万株，品种达200多个，已跻身全国四大梅林之一。

梅花盆景巧夺天工，形态生动，每逢梅花盛开时，千树万树缤纷灿烂，犹如一个花的王国。景区内建有梅花知识长廊、100米吟梅诗廊、精品梅园、梅花博物馆、湿地公园等人文景观，让诗文意境与梅花胜景融合辉映，赋予“幸福梅林”深厚的文化底蕴。

攻略

每年的12月下旬，幸福梅林景区都会举办盛大的梅花节，除了赏梅之外，还有书画展演、“梅花仙子”选拔赛、文艺演出等活动，为增添赏梅的趣味性和互动性，还有一系列幸福互动活动：品梅花酒、尝梅花糕、梅花摄影大赛等。

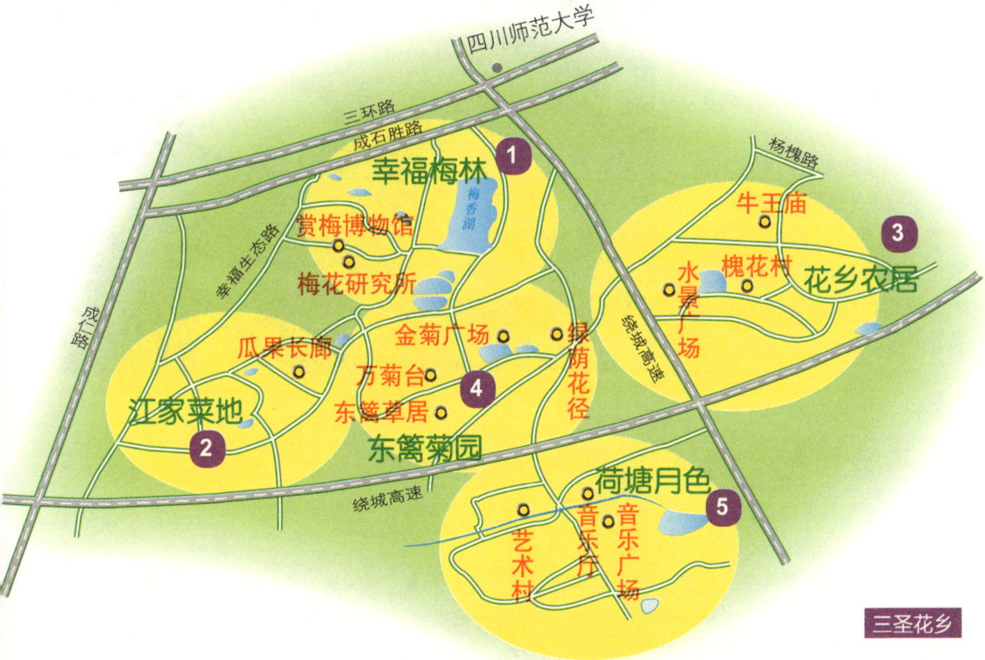

三圣花乡

故事 幸福村名字起源

“幸福村”的名字起源于优美的民间传说，相传在很久以前，这是一个没有名字的村庄。村庄中生活着一位叫“梅”的美丽姑娘。梅非常喜欢梅花，家中院内外种满了各种梅花，每当梅花盛开的季节，幽香便传到十里之外。有一年，村里人得了一种疾病，“梅”跋山涉水找到了一个能医治此病的老妖。为救村民，“梅”把自己的心脏给了老妖。为了纪念她，村中栽满了梅花树。由于梅花又叫“幸福之花”，从此这里就命名为幸福村。

2 江家菜地

江家菜地景区位于江家堰村，是成都市蔬菜种植基地。约 2 平方千米的时令蔬菜园与地边竹林中的农庄民居混为一体，村里景色优雅而朴实，环境宁静，颇具农耕文化底蕴。

景区以绿色蔬菜品牌为依托，通过都市人与农户签订代种协议结对，都市人自主选择地块大小认种土地，村民为认种人提供蔬菜种子、苗、肥料、农药、农用工具并负责日常耕种和管护。

攻略

江家菜地景区游客在农户的指导下，可以自己耕作播种，学习锄草、翻地、播撒种子、收割等环节，享受种植和收获的喜悦。此外，住农家房和农民聊天，有种返璞归真的感觉。

3 花乡农居

花乡农居景区是最早形成的一朵“金花”，它以红砂村为主，辐射两个村。

景区环境优美，空气清新，万亩花卉，季季姹紫嫣红，香飘四季，芳菲满园，鸟语花香。放眼望去，满是激情奔放的红、璀璨夺目的黄、优雅神秘的紫，仿佛置身于花的海洋、花的世界，掩映在花中的是一座座整齐的川西民居。

4 东篱菊园

东篱菊园景区地处驸马村，取自陶渊明《饮酒》一诗中“采菊东篱下，悠然见南山”的意境。

菊园依托周边的生态水系新建了很多川西民居仿古院落，村中遍种菊花，形成了 1000 余个菊花品种、约 1.8 平方千米的菊花种植规模。一年四季花开不断，五彩缤纷。

5 荷塘月色

荷塘月色景区位于万福村，这里村民以种植莲藕和花卉为主，已形成约 40 万平方米的荷花种植面积。

每当夏日荷叶亭亭玉立，荷花竞相绽放，姹紫嫣红，大有“接天莲叶无穷碧，映日荷花别样红”的意境。美丽的风景为国内外的书画家、音乐家、摄影家提供了一处良好的创作基地，荷塘旁边建有画廊、乐坊、艺术村，与荷花形成了一幅和谐的画卷。

攻略

住宿 驴友力荐的住宿地

三圣花乡环境优美，空气清新，游玩的时候不妨选择在此住宿一晚，使行程更加悠闲放松。

百花园乡村酒店：位于成都市锦江区三圣乡驸江路735号。在这里，游客既能感受酒店所具有的川西民俗特色，更能置身满眼田园的旖旎风光，漫步的游人在享受川西秀色的同时，将感受到田园诗人陶渊明“采菊东篱下，悠然见南山”的闲情逸致，尽可亲自动手种植下单，或到菜地采摘下厨，享受劳作的情趣与绿色时令蔬菜带来的健康与快乐。

红地庄园：位于红砂村银杏路。庄园占地1万多平方米，是成都市唯一的五星级农家乐，优美、高雅、温馨的环境，高档的设施，贴心的服务，美味的佳肴，典雅的餐厅和茶坊能满足您商务、会议、度假、接待、宴请、休闲等多种消费方式。

美食 饕餮一族新发现

三圣花乡特色美食荟萃，主要菜品有荷塘土鲢鱼、土泥鳅、烧鸡公和豆花鱼等。花乡农居红砂村的锅仔笋子鸡、幸福梅林的锅仔黑山羊肉汤、江家菜地的蔬菜圆子汤、东篱菊园的锅仔兔、荷塘月色的锅仔鲢鱼，都让人大快朵颐。

娱乐 城市魅力深体验

来三圣花乡看花：正月兰花、二月迎春、三月桃花、四月蔷薇、五月石榴、七月栀子和荷花、八月桂花、九月菊花、十月芙蓉、十一月水仙、十二月梅花都在向人招手。

花乡自然风光旖旎多姿，无论是夏日怒放的荷花、秋日的菊花、冬日的梅花，还是古朴雅致的川西吊脚楼，都是摄影不可错过的佳景。拍摄时用广角镜头可以拍出宏大的场景。在享受美景之余，各种各样的游戏包括斗鸡、推鸡公车、跳绳、踢毽、踩高跷、滚铁环、双人拔河等也让人兴奋不已，在相互竞赛中体会到一种游玩的乐趣。

行程推荐 智慧旅行赛导游

幸福梅林：天地五牛广场—小木屋—滨湖东路右转至大坝——剪梅—梅花知识长廊入口处—参观梅花知识长廊—梅花知识长廊出口—参观精品梅桩—醉香路—赏梅路—梅花大观广场—探梅路—幸福路—石胜路。

江家菜地：驸江路江家菜地主入口处—参观瓜果长廊—川西草舍—参观百花园乡村酒店。

东篱菊园：东篱菊园主入口—揽菊广场—菊园路—赏菊路或东篱路。

荷塘月色：簧柏路—万福风光画意村入口—画意村出口—流水花香—环荷路—采莲路—精品荷塘—乡村天空—成万路。

红砂村：红砂村主入口—水景广场—参观维生公司—香楠路—杜英路—水杉路—紫薇路—红砂村出口。

海昌极地海洋公园

奇幻的海洋之旅

微印象

@木子李 卖得了萌、耍得了帅、冒得了险、hold得住场面，这就是海昌极地海洋公园4D影院里的酷企鹅玛宝，一起穿越千年冰川、鲨鱼逃生。

@Owen 夏伟凯 一个人到海昌极地海洋公园去玩，人太多了，以后还是应该避开节假日来，不过这儿确实是一个情侣约会的好地方，太有浪漫气息啦。

门票和开放时间

门票：240元。开放时间：9:30~17:00（1至2月、11至12月，9:30~17:30（3至6月、9至10月），09:00~18:30（节假日及7至8月）。

进入景区交通

位置：成都市天府新区华阳海阳路68号。

地铁：市区乘坐地铁1号线至海昌路站下车。

景点星级

休闲★★★★ 人文★★★ 特色★★★ 美丽★★★ 浪漫★★★ 刺激★

成都海昌极地海洋世界是以“南极”和“北极”两极动物展示、表演、科普为主题的公园，景区一共分为极地动物展示区、鲸豚表演场、欢乐剧场、海洋动物展示区、风情小岛休闲区等五大区域。

园内通过人造冰雪景观、人造海水、维生系统等高科技技术的精密运用，使企鹅、海象、海狮、白鲸等极地动物悠然生活，这些动物在培训下都会有各种精彩的表演秀。

1 极地动物展示区

极地动物展示区由鲸豚馆、北极熊馆、海狮馆、海象馆、企鹅馆、海豹馆、海兽湾围合而成，表演项目有海象、北极熊、企鹅潜水、喂食展示等；互动项目有海豚交流广场人豚互动，潜入水下体验与海豚共舞。

点赞 @张四火 海昌极地海洋世界一日游，值回票价啦！企鹅桑、白熊桑太萌了，水下世界终于圆了儿时梦想。

2 鲸豚馆

鲸豚馆是目前亚洲面积最大的海洋动物表演场之一，总面积达 1.5 万平方米，可同时容纳数千人观看表演，在这里不仅能够一睹白鲸、海豚、伪虎鲸等珍稀海洋哺乳动物的风采，更能欣赏到驯养员和海洋动物们共同带来的精彩表演。

攻略

鲸豚馆包括伪虎鲸、海豚、白鲸等极地动物精彩表演。表演时间分别是11:10、16:00，节假日会增加表演场次。

3 欢乐剧场

欢乐剧场是极地动物的露天表演场，能容纳近千名游客观看。由海狮领衔的极地动物明星队和技艺精湛的小丑杂技队同台献技，带来一场令人捧腹的欢乐赛。表演项目有海狮表演、小丑杂技演员滑稽表演和海狮音乐会四重奏等。

4 海洋动物展示区

海洋动物展示区由海龟馆、鲨鱼馆、海底世界组合而成，集中展示了各种各样的海洋动物。

海龟馆周围由热带植物环绕而成，分为室内、室外两个观赏区，可以看到笨拙的大海龟轻姿曼舞，好像每颗细白的沙粒都显露着休闲的体态；鲨鱼馆可以一次领略沙虎鲨、豹纹鲨、白鳍鲨、条纹斑竹鲨等不同水域的十余种鲨鱼的凶猛威严。海底世界营造出梦如幻般的大厅，珊瑚、海藻、浮游生物透过玻璃泛出点点荧光，美人鱼和色彩斑斓的鱼儿翩翩起舞。

国色天乡乐园

国际文化主题旅游新城

微印象

@冬日暖阳 国色天乡乐园真的非常好，娱乐设施很多，想玩的基本都能玩到，最重要的是人少，比起国内其他的游乐园，这里简直是天堂了。

@可可与西妮 周末时去玩的，人不算太多，每个项目都玩了，蒙太奇旋涡很刺激，万人沙滩造浪活动很过瘾，还有充足的休闲沙滩椅，不用担心没地方躲太阳。

门票和开放时间

名称	票类	日场票价	夜场票价	开放时间	备注
童话世界	游乐套票（51项游乐设备）	120元	无	9:00~18:00	非节假日免票入园；1.2米以下儿童和70周岁以上老人免票入园；60至70周岁凭老年证享受门票半价优惠
水上乐园	成人套票	150元	90元	日场10:00～17:00；夜场17:00～22:00	身高1.5米以上（含1.5米）购买成人票
	儿童票	100元	70元		仅限身高1.2米至1.5米（含1.2米）儿童购买
陆地乐园	亲子套票	180元	70元	日场10:00～17:00；夜场17:00～22:00	身高1.5米以上（含1.5米）购买成人票；儿童票仅限身高1.3米至1.5米（含1.3米）儿童购买；一个成人和一个身高1.5米以下儿童购买亲子票
	成人套票	130元	50元		
	儿童票	65元	无		

进入景区交通

位置：成都市温江区万春镇天乡路。

地铁：市区乘坐地铁4号线至凤溪河站下车，再转乘319路公交至江宁南路站下车。

景点星级

休闲★★★★★ 刺激★★★★ 特色★★★ 美丽★★★ 浪漫★★ 人文★

国色天乡乐园是融中外建筑文化、园林文化、餐饮文化、休闲文化和娱乐文化之精髓的国际文化主题旅游新城，也是集先进的高科技设备与休闲商业区为一体的游乐主题公园。

乐园地处成都市温江区万春镇，属国家AAAA级景区，集千亩主题公园、五星级酒店、会议中心、高尚国际主题社区、自然生态绿地于一体，形成独具特色、内涵丰富的情景互动式旅游。

1 童话世界

国色天乡一期童话世界由中国馆、法国馆、德国馆、比利时馆、日本馆、意大利馆、西班牙馆、美国集市、魔幻岛九大主题区域组成。这里融汇中外建筑文化、园林文化、餐饮文化、休闲文化和娱乐文化之精髓，很有看头。

攻略

童话世界主题活动包括有热闹的春节灯会活动、传统的端午节赶鸭子比赛、时尚的明星歌友会、甜蜜的圣诞节狂欢等，这一系列超高人气的主题活动，让乐园的游客们High到底、乐翻天。

主题游乐包括过山车、摩天轮、激流勇进等 50 余项顶尖游乐设施，将园区九大异域风情主题区域串联在一起。惊险刺激的游乐设施，让人们 High 到底；温馨欢快的家庭型游乐设备是广大游客体验家庭游乐的首选之地。 园区内西南地区最大的婚庆摄影基地囊括了成都市最大的七家婚纱摄影机构，独特浪漫的户外草坪婚礼吸引着步入婚姻殿堂的新人们。

2 水上乐园

国色天乡二期水上乐园紧邻一期，总占地面积近 20 万平方米，是西南地区首个大型户外水上主题乐园，全园 Wi-Fi 覆盖，拥有多项顶尖游玩项目，结合最绚丽的水上演出，让游客领略到法国普罗旺斯风情和地中海的浪漫与激情。

乐园主要由梦之港、花之岛、狂欢海三大主题区域构成。梦之港，拥有令人尖叫的两大设备，蒙太奇大漩涡和尖叫喷射器。花之岛里有条全长 1 千米的“乐乐航道”，环绕着整个园区，既能体验到奔流的刺激，也能慵懒地享受沿途的风景。狂欢海为占地 12000 平方米的“真空造浪池”，能造出目前国内最大的人工海浪，浪高达 3 米。造浪池能同时容纳 2 万余人次，与浪花共舞、与海风同歌，尽情享受狂欢海的热情。

点赞

@张小倩小倩 国色天乡水上乐园，超级happy，这儿造的浪才真叫浪好吧，蒙太奇旋涡刺激好玩，就是人太多啦，下次一定要非节假日来玩个够。

3 陆地乐园

国色天乡三期陆地乐园占地面积约 20 万平方米，有 30 余项游乐设备，主要以惊险刺激的过山车为主。

眼镜蛇过山车、极限摩托过山车、亚洲最大双冲式水上过山车、旋风过山车，还有最具挑战的亚洲超大海盗船，西南最高的极限蹦极，360 度的时空大摆锤和云霄马戏团。乐园每天还有激情畅快的特色表演，让人们体验到前所未有的惊险与快乐。

小贴士

国色天乡三期陆地乐园提供有免费摆渡车接送游客，线路是从国色天乡乐园停车场到陆地乐园大门口之间往返。

4 幸福摩天轮

幸福摩天轮是国色天乡乐园的一大特色，它不仅是西南第一高，更是全球首创以星座为主题的摩天轮。

摩天轮座舱为独特的12星座氛围包装。座舱中不仅配有望远镜、小茶几、星座图书，还有轻音乐循环播放。在100米高空眺望青城山，鸟瞰温江城，与蓝天白云亲密接触，许下浪漫的爱情约定。

5 乐宝王国

乐宝王国是西南超大的亲子互动体验馆，是专为1~12岁儿童量身设计的体验式主题乐园。

乐园将儿童娱乐天性和自然常识教育完美结合，为父母和孩子提供自然互动体验、游玩和甜蜜回忆的亲子时光，是小伙伴之间共同玩耍、亲密交流、同娱同乐的幸福地带。有别于传统的“淘气堡—游戏机”模式，这里有甜蜜时光厅、欢乐积木坊、勇者之屋、动物猎奇区四大主题区域，让您与孩子的“爱”和“亲情”在这里得到前所未有的升华！

国色天乡乐园

攻略

住宿 驴友力荐的住宿地

乐园周边分布着许多酒店，住宿非常方便。

悦莱花园酒店：位于成都市温江区天乡路二段855号，到国色天乡乐园仅一步之遥，拥有大露台花园房、情侣房、豪华房、家庭亲子房等各类客房近百间，并有中式休闲茶室十余间，容纳百余人同时就餐中餐厅等酒店设施设备，入住悦莱花园酒店，让您自然舒心。

香榭丽舍：会所拥有四间超五星会议室及两间顶级会客厅，一楼设有6个单套100~120平方米的豪华欧式用餐包间，3间单套120平方米的KTV包厢，以及7间温馨舒适的棋牌室。除了可以举办政务商务高端活动之外，还可为您打造专属的豪华婚、寿宴及各类中西式宴席。在香榭丽舍会所，付出的只是大众化消费，享受到的却是五星级设施与服务。

美食 饕餮一族新发现

童话世界9大主题馆及其之间的街道上汇聚了包括中国八大菜系、传统小吃及法式大餐、德式沙拉、日本料理、意式餐点等各国菜肴，在用餐的同时可以欣赏精湛的四川茶艺表演和日本茶道。

卢西瓦餐厅：位于法国馆二号楼，装修极具中世纪欧式建筑特色，典雅高贵、富丽堂皇，可以品尝到名贵的葡萄酒、香槟、白兰地和正宗的法国大餐。

咖啡地带：位于法国馆内，临湖而居，时尚前卫，店内的欧陆及东南亚风格装修，充分体现了典雅、尊贵。西餐提供美味、精致的果味牛扒，同时还提供独立棋牌室、情侣卡座、沿湖品茗、可容纳300人的零点自助餐、生日派对等服务。

橘子时尚冰馆：一家来自台湾的时尚冰馆。新鲜的芒果、自制的芒果酱、香浓的炼乳、细致绵密的刨冰，搭配出香滑浓郁、分量十足的芒果牛奶刨冰，传统做法的手工比萨，爽口弹牙的意大利面，使来到这里的人们更像是参加一场时尚饮食派对。

冰镇美味：水上乐园有清爽透心的水果刨冰，有冰火相容的油炸冰淇淋，有香辣入味的中式快餐，更有万里飘香的阿拉伯烤肉，几十个小吃亭方便游客畅享美食。

购物 又玩又买嗨翻天

童话世界的中国红出售各类熊猫产品，只有想不到的熊猫商品，没有买不到的熊猫商品，来到这里就像来到了熊猫的天堂。童话世界的中国馆出售各类具有中国传统特色的商品。

水上乐园欢乐商场的产品非常丰富，不仅有饮品、快餐、小吃，还有毛绒、饰品、家居、工艺、玩具等等，吃、喝、玩、娱、乐应有尽有。各色漂亮的草鞋、拖鞋，可爱的动物泳圈，儿童水枪背包以及乐园的各种毛绒吉祥物，既方便游客游玩，也是购物留念的好选择。

娱乐 城市魅力深体验

乐园各期分别有不同的精彩演出活动，如乐园一期和三期的“阿佤人民唱新歌”表演。佤族是中国西南部最具特色的民族之一，是云南边缘的一颗“黑珍珠”。他们黝黑的皮肤、长长的秀发、原始的表演，还有独具特色的吐火和甩头发舞，让游客亲身体验彩云之南的淳朴和热情。水上乐园则有傣族舞团、非洲舞团、俄罗斯舞团以及天乡艺术团，表演各具特色的舞蹈演出。

乐园各期都具有不同的人气巅峰游乐项目，列表如下：

乐园名称	游玩项目	内容特色	所属区域	游玩限制
童话世界	疯狂战城	全新对战新体验“疯狂战城”，利用城堡内多种武器，对敌人进行连发、团队群发对战，没有硝烟的战场依旧疯狂	美国区	身高1.2米以下儿童需监护人购票陪同
	CS基地	国内最大的真人CS基地之一，基地里配备了国内领先的装备，专业的教练，错综复杂的场地，圆你的CS梦	内广场	/
	惊呼狂叫	瞬间上升到在40米高空，在高空停留30秒，又瞬间从天堂俯冲到地面	美国区	
水上乐园	芙罗拉摇篮	专供儿童宝贝们游玩的区域，彩色绚丽的童话，引领小朋友们到达一个属于他们的童话王国	花之岛	身高1.2米以下儿童需成人购票陪同并穿泳衣
	尖叫喷射器	沿着蜿蜒的管道急速下滑，在巨大的惯性下，一刹那飞上天空的云端	/	限身高1.5米以上、体重95公斤以下、年龄60周岁以下，穿泳衣乘坐
	蒙太奇大旋涡	亚洲地区最大的大喇叭设备，您由近乎垂直的密封滑道呼啸而下，划入巨大的圆锥体内	梦之港	限身高1.5米以上，体重95公斤以下，年龄60周岁以下，穿泳衣乘坐
陆地乐园	欢腾木马	每一个旋转木马都有一个美丽的传说，欢腾木马带你周游世界，领略四季变换，追求终极快乐	/	限身高0.7米以上游客乘坐，身高0.7米至1.2米的儿童需监护人购票陪同
	花园过山车	这是世间仅有的建在花园里的过山车，乘上它在花海中翻滚，在芬芳中回旋，穿越纷飞的花瓣，寻觅花神“芙罗拉”的踪迹		限身高1.1米以上游客乘坐，身高在1.1米以上1.4米以下的儿童需由监护人购票陪同
	时空大摆锤	穿梭时空的钟摆，高速旋转往复摆荡，令人目眩神迷，惊心动魄。最高摆起角度90°		限身高1.3米以上、年龄50周岁以下游客乘坐

宝光桂湖

历史悠久的园林

微印象

@成长的幸福种子 今天去了新都桂湖，拍了许多荷花照片，那里很美，足足逛了两个多小时。下午去了宝光寺，喜欢那座微斜的舍利塔和罗汉堂。

@晴儿的木棉花 沿着青石板路，围着荷塘慢慢走着，映入眼帘的全是美丽的景观，不仅有曼妙的荷花，还有亭台楼阁、小桥、流水，以及来此处避暑散步的人们。

门票和开放时间

门票：宝光寺5元，桂湖公园30元。开放时间：8:00～17:30。

最佳旅游时间

夏秋最佳。每逢夏季，一望无尽的荷塘，万千与人争高的荷叶、荷花，楚楚动人。每年中秋时节这里桂花飘香，一年一度的桂花节正式上演。

进入景区交通

位置：成都市新都区桂湖中路109号。

地铁：市区乘坐地铁3号线至马超西路站下车。

景点星级

休闲★★★★　人文★★★★　特色★★★　美丽★★★　浪漫★★　刺激★

宝光桂湖文化旅游区是依托古寺——宝光寺和隋唐园林——桂湖的基础改造而成的一个综合性旅游区，是新都区规模最大、景点最丰富的旅游区。

整个旅游区自然景观丰富多姿，人文景观底蕴深厚，湖水荡漾，碧波万顷，荷花摇曳，宝光寺内梵音绕梁，香火旺盛。整个景区共由宝光寺、桂湖公园、桂湖森林广场三大景区组成。

1 宝光寺

宝光寺是清代以来南方“四大佛教丛林”之一。古寺周边竹树掩映，红墙环绕，寺内建筑为木石结构，主要由一塔、五殿、十六院组成，中轴线上福字照壁、山门殿、天王殿、舍利塔、七佛殿、藏经楼、紫霞山依次而立；两旁有钟楼、鼓楼、客堂、云水堂、斋堂、戒堂、罗汉堂、禅堂，层次分明、布局严谨，展现了中国佛教禅院的整体风貌。

其中，宝光寺罗汉堂是我国历史最久、规模最大的泥塑罗汉堂，建于清咸丰元年，内塑佛、菩萨、祖师 59 尊，罗汉 518 尊，每尊高约 2 米，造型优美，彩绘贴金，千姿百态，妙趣横生。

链接 东方斜塔

宝光寺寺中的舍利塔建于唐代，是一座高30米的13级密檐式方形砖塔。塔微向西斜，素有“东方斜塔”之称。相传地震所致，摇摇欲坠依然不倒。

攻略

宝光寺的素斋以川菜烹饪技法为基础，素菜荤做，素质荤形，吃起来似荤非荤，油而不腻，清爽可口，齿颊生香，风味独特，堪称中国烹饪百花园中的一朵奇葩。

2 桂湖公园

宝光寺外的桂湖为老桂湖，开凿于隋唐时期，后成为明代大学者杨慎的书苑。书苑是一座人文底蕴深厚、环境清雅的园林，充分展现了四川古典造园艺术的高超技巧。

全园占地 4 万多平方米，以湖为中心，四周布景，湖上的建筑，吸取国内园林建筑艺术之精华，结构巧妙，工艺精美，平桥、拱桥、曲桥等各式桥梁多采用汉白玉或花岗石，显示了昔日宫廷园苑的豪华气派。园中植物以桂花、荷花最享有盛名，分别为中国五大桂花观赏地之一和八大荷花观赏地之一。

公园中的碑林是一座正中为厅、三方为廊的仿古四合院建筑，内有明、清和近代所刻六十多位名家书法碑一百余通，其中最著名的是清代灌县（今都江堰市）人彭洵书写的“格言碑”，由琢磨平整、硬度较高的合州峡石刻成。碑高 163 厘米，宽 89 厘米，将格言四十条安排为一堂四幅（正面、背面各二幅），字体工整，隽秀有力。

攻略

栽种在桂湖公园正门口的那棵紫藤树，相传为明代新都状元杨升庵所种植，距今已有400年历史。枝蔓在大门正上方相交缠，然后向东西两个方向绵延延伸，形成了一座在全国范围内都极为罕见的百米紫藤长廊。无论是主干直径还是覆盖面积，这棵紫藤都比我国其他的古藤胜出许多，如苏州拙政园中相传为文徵明手植的“苏州三绝”、江阴中山公园的宋时“寿藤”，值得一观。

链接 杨慎小传

杨慎（1488—1559），字用修，号升庵，明代文学家，四川新都（今成都市新都区）人，明朝三大才子之首。杨慎因参与“议大礼”触犯世宗而受廷杖，于嘉靖十三年（1524年）被罢黜至云南，直至去世。在这期间，他为云南的学术事业和文化进步作出了不朽的贡献。

3 桂湖森林广场

桂湖森林广场是在新桂湖基础上重建的，占地 180 亩。广场集山水林于一体，风景秀丽多姿。

广场一侧的饮马河经过改造后河水清澈，河道上三座仿古石桥小巧别致，两岸垂柳竹林并配有古色古香的路灯。广场上种植了乔木、灌木、花卉等多个植物品种，绿色气息浓郁。此外，新桂湖还新造了假山、瀑布、揽胜台、芙蓉岛、香樟岛等景点，既含丰富的历史文化底蕴，又极富现代气息，与老桂湖的风景相得益彰。

森林广场的湖水中央有一座五层塔楼名为“楼外楼”，站在塔顶，可以远望新都城区和广场全景。塔下两侧有宽宽的木梁青瓦雕花长廊供游客歇息乘凉。

攻略

风景区利用桂花制作了桂花肉丝、桂花糕等特色食品，味道清香。此外，还有蜀锦、蜀绣、刺绣等工艺品也可购买。

桃花故里

佳境天成的桃花源地

微印象

@一剪梅 阳春三月，桃花故里的桃花盛情开放，一派姹紫嫣红的春意伴随着四处飞扬的花瓣和清香在空气中弥漫。漫山桃红，如粉如霞，如锦如缎，近观百态千姿，芳菲斗艳，远望花浪潮涌，如云如雾……畅游于绿树花海之间，聆听百鸟鸣唱，好一幅“桃花含笑春风里，万枝丹彩灼春融”。

门票和开放时间

门票：免费开放。开放时间：全天开放。

最佳旅游时间

游览桃花故里最好的时间为春夏两季。春天漫山遍野的桃花绽放，宛如渺渺仙境；夏季是桃子成熟的季节，景区将举办各种摘桃子农家乐等活动，热闹非凡。

进入景区交通

位置：成都市龙泉驿区山泉镇桃源村。

地铁：市区乘坐地铁2号线至龙泉驿站下车，再转乘872A/872D路至桃花故里站下车。

景点星级

休闲★★★★　特色★★★　美丽★★★　人文★★　浪漫★★　刺激★

桃花故里位于“世界现代田园城市”成都东郊龙泉山生态旅游功能区，是四川著名风景区——花果山风景区的核心景区，坐落于龙泉驿区山泉镇。

桃花故里以川西坝子种桃第一人晋希天故居——桃源村为核心景区向四周辐射、延伸，形成了面积约4.5平方千米的景区。景区以桃花品种多、花期长、密度高而闻名全国。每逢阳春三月，这里的桃花万树竞放，灿若云霞，十分壮观。景区主要包括福道、情道、寿道、古驿道、桃花潭、古驿岁月、花好月圆、连心亭、桃文化长廊、乘龙观佛、桃花石林、桃文化陈列馆、桃文化诗歌墙、夸父广场等景点。

1 福道

福道即佛道，其基座成四方形，中间有一尊弥勒佛塑像，寓意生活在这里的农民，从种玉米等传统农作物，到种植桃树，做特色乡村旅游，经过辛勤的劳动和不断的探索创新，走上了一条幸福致富之道。同时也含有“福气到来”之意。更有一说是来桃花故里赏花休闲的游人，在“福道”上走一走，就可以找寻到属于自己的幸福。

福道上一处重要的连体景观是桃花潭与壶酒亭。在桃花故里，桃花潭象征浪漫、友情与至深的幸福。这里不仅被四周的桃花包围，潭中还有飘落的片片桃花，慢悠悠摆动的观赏鱼。不同的季节里，姹紫嫣红的各种观赏花在潭水四周烘托，芦苇、杨柳在微风中翩翩起舞。对着潭水，默默祈福，福气便如流水般，流淌进心田。壶酒亭则是表达潇洒暂别、不醉不休的谊情载体。

链接 影视外拍基地

桃花故里因风景迷人多次成为影视拍摄基地，1990年代蒋大为曾在此放歌《在那桃花盛开的地方》，2007年阿牛将他的《桃花朵朵开》带了进来，更使得桃花故里远近闻名。看样子与桃花结缘的歌曲MV拍摄都将桃花故里作为首选。

2 情道

龙泉古驿从汉代起，即分布有成渝通道成简段“古东大路”之龙泉官道、山泉情道、洛带商道、柏合文道、茶店香道五条支道的交通架构。而红艳的桃花更是爱情最好、最美妙的象征。

蜿蜒于桃林中的山泉情道总长 999 米，道内有连心亭、锁定台、花好月圆等景点。传说，此亦是母系氏族时期“桃花之母”夸父下山追寻爱情之道、西汉时期“私奔之母”卓文君获灵感写出绝世藏头诗挽回夫君司马相如爱情之道。

3 寿道

寿道又名“长寿八百梯”，建于 2007 年 8 月，自古以来，即有寿桃送老人、桃木避邪祈福的功用和寓意。

在寿道入口处，雕刻有一百个不同版本的“寿”字，展现在眼前的就是一幅生动的“百寿图”。当地有俗语说：“古有彭祖寿八百，今有桃源八百梯。一步一片桃林，一梯一份健康。”游客在桃林中呼吸来自仙界的花香，聆听桃花中的天籁之音，祈福家人健康长寿，幸福快乐。

4 月亮湾

月亮湾是桃花故里景区的精华区域之一，占地约 3 平方千米，是诗歌的圣地、桃花的海洋。

桃花村里有百余座川西民俗小屋坐落其间，桃树沿龙泉山脉区域密植而下，层次分明，内有桃花石林、桃文化诗歌墙、观龙台、观佛台、种桃第一人晋希天故居等景点。每当桃花盛开时节，踏上观花道，漫步桃林中，轻吟桃花诗，恍若步入人间仙境般的桃花王国。

点赞 @丁一Y 桃花盛开的地方，无繁华喧嚣，有花香鸟语，无美酒佳肴，有粗茶淡饭。

5 诗歌广场

诗歌广场建成于 2005 年 3 月初，系“中国乡村诗歌之乡”桃花故里最早及名声最响的景点。广场正面与其中一侧筑立有一面长 40 米、高 3 米的花岗石墙。石墙与桃花山体连为一体，墙上雕刻有 50 余首古今中外的桃花诗。著名诗人、学者流沙河先生为其题名为“中国桃文化诗歌墙”，诗歌广场由此得名。

广场建成后，桃花故里各重大文化活动如“中国乡村诗歌节”“桃花故里——李白故里诗歌结盟”仪式、“山泉农民唱诗队表演”“中国诗歌万里行：走进桃花诗村”等活动均在此举行。舒婷、芒克、吉狄马加、雷抒雁等全国著名诗人亦到此流连过。

6 桃文化陈列馆

桃文化陈列馆是桃花故里集观赏性与艺术性、历史性与研究性于一体的桃文化艺术景点。

按照历史时间序列和不同的门类主题，陈列从夸父时代到现代重要的“桃文化”。此馆以文字、图片、实物、光碟、声像、图书等方式，呈展了桃源、桃类、桃种、桃树、桃花、桃果、桃人、桃诗、桃画、桃书、桃艺、桃情、桃典、桃趣、桃景等内容。

锁定台：左有栏杆铁链，地面雕刻《桃花故里赋》，凭栏望远，挂上一把如意锁，许什么样的心愿就有什么样的实现；右有桃心链，同心如意锁中间。

连心亭：福道与情道的连心之处，是一座精巧的八角亭。周围树影婆娑，景色宜人。

攻略

住宿 驴友力荐的住宿地

桃花故里周边有许多乡村酒店、桃源农家提供住宿。

桃花山庄：一家坐落在桃源村六组的农家乐，风景优美、空气清新。配合桃花优雅的意境，桃月天农家乐的建筑风格呈古式，与桃花之红相映衬，别有一番风韵。院子四周还种着各种花草，走在其间的小路上，曲径通幽的感觉油然而生。

故里桃园：位于桃源村五组，是桃花故里最负盛名的农家乐和最聚人气的休闲乐园。清一色的青砖绿瓦、白墙朱栏，川西民居的风格给故里桃园注入了浓浓的雅韵。

花音楼：地处山泉镇桃花故里，鸟语花香，环境清幽，是赏花、休闲好去处。花音楼桃园占地面积2亩，住宿餐饮娱乐面积400平方米，提供棋牌、卡拉OK、赏花等娱乐项目。

购物 又玩又买嗨翻天

桃花故里是龙泉水蜜桃的发源地和水蜜桃引种人晋希天的故居，是“龙泉种桃第一人”的故乡。

全村有水蜜桃约1平方千米。在桃子成熟的季节，去桃花故里亲手采摘桃子，购买桃子，又有乐趣又放心。其他季节可挑选购买的水果还包括枇杷、樱桃。

除此之外，桃花故里出售的各色手工艺品，如用绢制作的伞上绘有春季踏青图案的桃花工艺伞；手感好，做工精细，纯手工拉边，造型新奇的手工布艺包；标志着桃花故里文化的桃源镇纸；工艺精细、图案美观大方的桃花扇都是留念或馈赠亲友的佳品。

美食 饕餮一族新发现

桃花故里每年会举办盛大的桃花盛宴活动，活动现场有评委为参加比赛的当地农家菜评分。届时，各色农家美食，如爽口的青菜墨鱼仔，集“麻、辣、鲜、烫”为一体的香辣土鸡，香甜红艳的如意猪手等菜肴佳品纷纷亮相，可供品尝。桃源厨艺大赛通过厨艺展示，使健康饮食、特色饮食深入人心，体现了桃花故里农家的热情。

娱乐 城市魅力深体验

桃花节：阳春三月，龙泉漫山遍野，桃花盛霞，梨花如雪，风景如画，吸引成千上万的游客纷至沓来。

枇杷节：每年春风过，百花落，龙泉黄澄澄的大五星枇杷已经挂满了枝头，每年一度的龙泉枇杷节，总是令人流连忘返。枇杷节上，游客除了可以亲手采摘枇杷品尝，还可以吃到一桌丰盛、特别的枇杷宴。

乡村诗歌节：每年3月在桃花盛开的时节举行诗歌会。来自全国各地的著名诗人、诗评家以及外国友人与当地热爱诗歌的朋友齐聚一堂，吟诗作词，不亦乐乎。

丰收节：每年8月，丰收趣味登山赛在龙泉山上盛大开幕，每队十名游客组成的十支趣味登山团队将携带龙泉特产的水蜜桃登山，最先到达终点的冠军队伍每人获得一箱龙泉特产的优质水果。

行程推荐 智慧旅行赛导游

建议按以下顺序游览桃花故里：福道—桃花潭—连心亭—情道—花好月圆—桃文化长廊—古驿道—寿道—诗歌广场—游客中心。

第3章 都江堰周边

都江堰

青城山

白鹿镇

郫都农科村

川菜博物馆

成都深度游
Follow Me
慢旅行的倡导者

都江堰

世界水利文化的鼻祖

微印象

@尹小莉莉 古色古香的城门洞开，走过青石板铺砌的街道，穿梭在弥漫着明清历史底蕴小巷，灰瓦白墙、坡屋顶的川西风韵。在这里，一杯清茶，品尽古堰风情！

@白马非马 都江堰的水，碧绿碧绿的，在岸边静静地看着脚下淌过的流水，听着阵阵的花声，暖暖的阳光下，是一份宁静的收获！

门票和开放时间

门票：80元。开放时间：8:00~17:30（冬季），8:00~18:00（夏季）。

最佳旅游时间

都江堰气候以春夏最佳。春季，在都江堰放水节和二王庙庙会期间，可以进一步了解当地的民风民俗。夏季消夏夜啤酒节期间热闹非凡。都江堰的降雨多集中在5～9月，这个期间前往要注意防雨。

进入景区交通

位置：成都都江堰市公园路灌口镇。

城际列车：可以从犀浦站乘坐城际列车到达都江堰，历时20分钟左右，票价10元。

景点星级

美丽★★★★　特色★★★★　休闲★★★★　人文★★★★　刺激★★★　浪漫★★★

都江堰建于公元前3世纪，是中国战国时期秦国蜀郡太守李冰及其子率众修建的一座大型水利工程，是全世界至今为止，年代最久、唯一留存、以无坝引水为特征的宏大水利工程。

两千多年来，都江堰一直发挥着防洪灌溉作用，使成都平原成为水旱从人、沃野千里的“天府之国”，是中华民族文明史上与长城比肩而立的伟大工程。都江堰渠道工程位于青城山麓的岷江干流上，包括鱼嘴、飞沙堰和宝瓶口三个主要部分。

小贴士

1.经历2008年汶川地震后，都江堰城区和景区一些建筑上都贴有“危险”或“可使用”标志，请远离不安全的场所，在安全的地方游览。

2.都江堰是中国古代最伟大的水利工程之一。很多水利设施治水原理比较专业，所谓“游览都江堰，七分听讲，三分看景”。必要的时候可以请景区导游讲解。

链接 都江堰工作原理

鱼嘴是在岷江江心修筑的分水堤坝，形似大鱼卧伏江中，它把岷江分为内江和外江，内江用于灌溉，外江用于排洪。飞沙堰是在分水堤坝中段修建的泄洪道，洪水期不仅泄洪水，还利用水漫过飞沙堰流入外江的水流旋涡作用，有效地减少了泥沙在宝瓶口前后的淤积。宝瓶口是内江的进水口，形似瓶颈。除了引水，还有控制进水流量的作用。鱼嘴、飞沙堰、宝瓶口三大主体工程有机配合，相互制约，协调运行。

1 城隍庙

城隍庙始建于清乾隆年间，依山取势，结构谨严奇巧。自下仰望，建筑群分为上下两区，呈“丁”字形，分为马王殿、城隍大殿、娘娘殿、财神殿等建筑。

城隍大殿为城隍庙主殿，正中悬有“公正廉明”牌匾，下面则是审察办案的公堂。娘娘殿位于城隍大殿的旁边，这里是城隍和娘娘休息的地方，里面布置精致典雅。

2 二王庙

二王庙位于岷江东岸的玉垒山麓，初建于南北朝，是为纪念李冰及其子二郎而修建的。现存建筑系清代重建，庙宇依山取势，宏伟秀丽，素有“玉垒仙都”的美誉。庙内供奉有李冰和二郎的塑像，石壁上嵌有李冰以及后人关于治水的格言。

二王庙的后方是秦堰楼，登楼远看都江堰，可见岷江从山里滚滚而来，在拐弯处被鱼嘴分水堤一分为二，在飞沙堰和宝瓶口的设计下，发挥着引流入渠和溢洪排沙的作用。

攻略

二王庙门前茂密的树林之下是一条有着1000多年历史的松茂古道，这里曾经是历史上“茶马互易”的古道之一，每天有商贾和骡马队穿梭往来，繁华异常。

3 安澜索桥

安澜索桥始建于宋代以前，被誉为“中国古代五大桥梁”之一，是都江堰最具特征的景观。

大桥横跨内江、金刚堤和外江，原先以木排石墩承托，粗如碗口的竹缆横挂江面，上铺木板为桥面，两旁以竹索为栏，后毁于战火。现在的桥下移了 100 多米，将竹改为钢，承托缆索的木桩桥墩改为混凝土桩，更加坚固。

4 鱼嘴

鱼嘴位于岷江出山口 1950 米处岷江湾道江心，形如弯月。前端扁平入水，形如鱼的嘴巴，故名“鱼嘴”。

鱼嘴把岷江一分为二，左边称为外江是岷江的主流，主要用于排洪，右边沿山脚的是内江，为人工引水渠道，主要用于灌溉。鱼嘴充分利用地形地势起着调节水量的作用，除此之外，还肩负着排沙的重任。

点赞

@小鱼儿 看完鱼嘴构造后，非常佩服李冰的智慧，完美的水利工程设计，哪怕今天看来依然非常完美。

@爆米花 大坝非常壮观，在鱼嘴上的平台上拉全景拍照视角很好，幸运的话还可拍到水面上的飞鸟惊浪的情形。

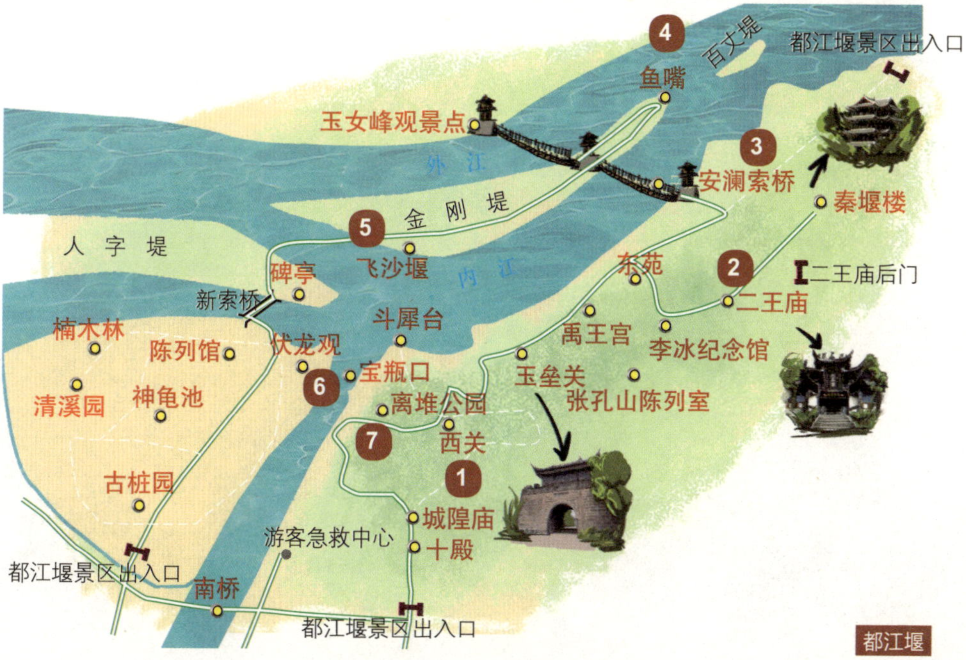

5 飞沙堰

飞沙堰位于鱼嘴西南方 1070 米处，堰口长 200 米，是确保成都平原不受水旱灾害的关键。

它的主要作用是泄洪，当内江的水量超过宝瓶口流量上限时，把多余的水从这里排到外江，如果遇到特大洪水的情况，飞沙堰还会自动溃堤，让大量的江水回归岷江的主流。飞沙堰的另一个作用则是排沙，洪水越大，飞沙堰的排沙功能越强，保证了内江水流的通畅。

6 宝瓶口

宝瓶口是玉垒山伸向岷江的长脊上开的一个口子，因形如瓶口而得名。

宝瓶口是内江水流进入成都平原的通道，它有固定的进水量，不管有多少水流入内江，只要超过了宝瓶口的接纳量，它都会一律拒之口外，从而保证成都平原有足够的水用于灌溉，同时也不会遭受洪水的侵害。

7 离堆公园

离堆公园位于宝瓶口左侧，占地 6 万平方米，因园内有李冰率众创建凿山离堆故名。

园内亭楼阁廊，古朴典雅；假山喷泉，林木葱茏；盆景桩头，千姿百态；奇花异卉，争芳斗艳。园内有成片的古树林及梅花园、桂花园、盆景园和海棠园。还有离堆、伏龙观、李冰石像、飞龙铁鼎、岣嵝碑等文物古迹。

攻略

离堆公园内古树名木的掩映下，有一座建筑考究的天府源老茶馆。这里绿水环绕，古朴典雅。馆中有茶道表演、古乐演奏、歌舞表演；在古乐中品一杯香茶，把玩一下琴棋书画或者欣赏一下周围的风光。

链接 桩头六宝

离堆公园内最有名的是“桩头六宝”，即紫薇花瓶、张松银杏、紫薇屏风、玉瓶迎宾、乌龙出岫、紫薇手掌。其中紫薇花瓶用银薇制成，高约5米，树龄已有1300年，树干通过密植和盘扎，形如镂空花瓶。夏秋之季，绿叶扶疏，银薇盛开，远望好像一个古色古香的镂雕花瓶置于几案，令人拍手叫绝。

住宿 驴友力荐的住宿地

都江堰市内宾馆众多。在游览期间，游客可以选择靠近景区或临近汽车站的宾馆住宿，方便出行。

二王庙宾馆：都江堰市内唯一的景区宾馆，位于二王庙景区后门侧，中式风格的建筑嵌于青山绿水之间。宾馆设备先进，配套设施齐全，拥有各种情调的豪华套房、豪华商务套房、豪华家庭套间和豪华标准间。电话：028-87113888。

都江堰西行客栈：地处都江堰市中心，位于都江堰大道与建设路交汇处，地理位置优越，闹中取静，环境舒适，邻近各大商场和都江堰客运中心，旅游交通十分便利。酒店装修简约时尚，舒适温馨。电话：028-87123333。

美食 饕餮一族新发现

景区毗邻都江堰市区，饮食极为方便。此外，每年都江堰啤酒节期间的夜宵也十分出色，美味的河虾、小鱼和螃蟹都让人垂涎三尺，特别是江边夜宵和农家乐，都可一尝。

都江堰郡守府：位于都江堰天乙街8号沁华园，是一家以经营天然食材为主题的餐馆，主要包括岷江及其他江河内的各种野生鱼、深山上的各种野生菌类和两岸浅坡上的绿色蔬菜。特色菜有郡守长生宴、绿色糯米糕等。

泉水蒸汽石锅鱼：位于都江堰江安中路226号，这家石锅鱼店的鱼种类特别多，有清江鱼、江团、胖头鱼等，可以根据自己的口味挑选。此外还有各种特色的凉菜，比如苦苣猪耳朵、爽脆马家芹等。石锅鱼的汤很鲜美，还可以配一些素菜。

娱乐 城市魅力深体验

放水节：每年清明节期间在城隍庙举办，以纪念李冰父子。届时上百名勇猛的汉子涌上舞台抬竹笼而舞，伴随着“放水啰！”的呼声，通天的江水直泻而下，四处水流奔涌。此外，还有各种精彩的文艺演出。

二王庙庙会：每年农历六月二十四日和六月二十六日二王庙会举行盛大的庙会，传说分别是二郎神和李冰的生日，这两天川西人民不辞艰苦跋涉，带着祭品，来庙祭奠。

行程推荐 智慧旅行赛导游

建议按以下行程游览都江堰景区：东大门进入—十龙殿—城隍庙—西关—斗犀台—凤栖窝—玉垒关—二王庙—安澜索桥—鱼嘴—飞沙堰—宝瓶口—千万亩碑亭—离堆公园—伏龙观—清溪园—景区西大门出。

青城山

青城天下幽

微印象

@RoT凡尘 山不在高，有仙则灵。青城山不算高，但是浓郁的道教文化随处可见。

@luzell520 “拜水都江堰，问道青城山”，作为道教发源地的青城山从来都是集天下之幽而闻名，这里的山总有一股仙气，这里的水总有一股灵韵，使人无限向往。

门票和开放时间

门票：青城前山80元，青城后山20元。开放时间：淡季8:30~17:00，旺季8:00~18:00。

最佳旅游时间

春季和夏季是青城山的最佳旅游季节，虽然伴有少量降雨，但烟雨朦胧间的青城山却独具魅力，颇有道家仙境的神秘感觉。夏天的青城山是避暑的好去处，满山的绿色也让人心情舒畅。

进入景区交通

位置：成都都江堰市青城山镇青城山路。

城际列车：可在犀浦站乘坐城际列车到达青城山，历时30分钟左右，票价10元。

景点星级

美丽★★★★　人文★★★★　刺激★★★　特色★★★　休闲★★★　浪漫★★

青城山空翠四合，峰峦、溪谷、宫观皆掩映于繁茂苍翠的林木之中，道观亭阁取材自然，不假雕饰，与山林岩泉融为一体，体现出道家崇尚朴素自然的风格。古人记述中，青城山有“三十六峰”“八大洞”“七十二小洞”“一百零八景”之说，堪称青城山特色的还有日出、云海、圣灯三大自然奇观，其中圣灯（又称神灯）尤为奇特。

小贴士

1.青城山的山道入口和出口几乎被各种索道和新修的仿古庙宇遮没了，要找到登山入口和出口非常不易，建议喜欢徒步登山的朋友最好买张地图或导游图再上山。

2.前山人文景点较多，主要看道观，因为这里是道教的发源地之一；后山主要是自然风光，看山林溪水，享受爬山的乐趣。后山比前山大，如行程安排中当天要返回成都，建议游览后山时，往返至少选择一次乘坐索道，这样耗时比较短。

整个青城山分为前山和后山两大部分。前山是青城山景区的主体部分，景色优美，文物古迹众多，主要景点有天然图画、天师洞、上清宫等。后山水秀、林幽、山雄，高不可攀；冬天寒气逼人，夏天则凉爽无比，蔚为奇观，主要景点有金壁天仓、圣母洞、山泉雾潭、白云群洞、天桥奇景等。

1 建福宫

建福宫位于丈人峰峭壁之下，是一座著名的道观，建于唐开元十八年（730 年），现存建筑为清代光绪年间重建。

宫殿共有三重大殿，第一重供奉道教护法尊神王灵官及财神，内侧供奉慈航真人，第二重供奉五岳丈人宁封真君及广成先生杜光庭，后殿塑有三尊彩像：中间是太上老君，左面是东华帝君，右面是道教全真派的创立者王重阳。

2 天然图画坊

从青城山门拾级而上，经雨亭、天然阁、怡乐窝、引胜亭，便来到了天然图画坊。

天然图画坊位于龙居山牌坊岗的山脊上，建于清光绪年间，为一座十角重檐式的清代亭阁。站在亭中，放眼望去，远方龙居、天仓、乾元诸峰堆绿叠翠，葱葱茏茏，近处白鹭戏水，云雀翻飞，仿佛置身于一幅美丽的天然图画中。

点赞 @珠峰之鹰 青城山是我最喜欢成都的一个地方，曲径通幽，非常完美。沿着台阶上行，四周是树木，呼吸顺畅，氧气充足，感觉美妙。

3 全真观

全真观正对丈人峰山口，巍峨的殿堂耸立在葱翠的林木中。前殿供奉道教的慈航真人，后殿供奉全真道开派的邱处机、谭处端、马丹阳、刘处玄、王处一、郝大通、孙不二等七位祖师。后殿的上面为五祖楼，供奉了道教五位祖师。

4 天师洞

天师洞洞中有“天师”张道陵及其三十代孙“虚靖天师”像。现存殿宇建于清末，三清殿是其主殿，为一座重檐歇山顶楼阁式建筑，殿中供奉的是道教至高无上的元始天尊、灵宝天尊和道德天尊三位尊神；三皇殿供奉有唐朝雕刻的伏羲、神农、黄帝石刻造像各 1 尊，高约 1 米，皆为坐像；黄帝祠初建于隋代，是天师洞最早的殿宇之一，里面供奉有一座黄帝塑像。

5 上清宫—老君阁

上清宫始建于晋代，现存建筑为清朝重建，宫前坐落着一座巍峨壮丽的石枋，上有张大千先生手书“青城山上清宫”额。正殿供有太上老君、纯阳祖师及张三丰塑像；东配殿名文武殿，供奉孔子和关羽。殿右有两口井——鸳鸯井，二井一方一圆，象征男女，尽管二井一源，却一清一浊，一深一浅，一温一凉，充满玄机。

老君阁位于青城第一峰绝顶，海拔 1600 多米。阁基宽 400 平方米，共六层，下方上圆，寓意“天

青城山

圆地方”；层有八角，以示八卦。阁中供奉有太上老君的塑像，以徐悲鸿遗作《紫气东来》为蓝本塑造而成。像高 13.6 米，连牛身通高 16 米，塑像金光炫目，栩栩如生，自古及今，绝无仅有。

攻略

圣灯是青城山的四大奇观之一，上清宫是观赏圣灯的最佳观景处。每逢雨后天晴的夏日，夜幕降临后，在上清宫附近的观灯亭内可见山中光亮点点，闪烁飘荡，少时三五盏，忽生忽灭，多时成百上千，山谷一时灿若星汉。此外，老君阁为青城第一峰，上有呼应亭，在此可一览众山，是拍照绝佳角度之一。

链接 圣灯

“圣灯”传说是“神仙都会”青城山的神仙朝贺张天师时点亮的灯笼，称为圣灯，实际上是山中磷氧化燃烧的自然景象。

6 金鞭岩—神仙洞

青城后山位于青城前山的背侧，从前山经过清溪桥、响水洞便是后山，相对于前山的众多道观而言，后山以“水秀”“林幽”“山雄”“石怪”称奇。金鞭岩是一处长达十多千米的诸峰断层。在金鞭岩半岩间，有凹形洞窟，深阔数米，洞口有三条石棱，每逢晴日，阳光照射，可见金黄色泛光柱形物三根，二竖一横，状若金鞭，气象非凡。

神仙洞深约千米，雾气迷蒙，不时会有白雾飘出，仿佛带有仙气。洞外林深草茂，百花娇艳，洞内景色奇异，内有色彩斑斓的石潭一百多处，水清如镜。洞口的浴仙岩处，一字排开 48 个石潭，光滑无苔，水清宜人，传说青城神仙常在此沐浴。

7 泰安古镇

泰安古镇位于青城后山的核心区域，古为扼成都一带西入金川必经之驿道。味江河水绕镇而过，街两旁和两街中间是清一色的雕花小洋楼，有的两层，有的三层，高低错落有致，古朴余韵犹存，街上柳丝轻拂，触手可及。

街道两旁错落分布着特色餐馆和酒店，小店里的人们手拿一壶清茶，静候每个顾客的光临。农家小院灶台上摆放着各式野菜，从山间采摘而来，鲜绿色的叶子挑逗着人的食欲。古镇上青城山现存佛教寺庙中最悠久的泰安寺，距今已有 1000 多年历史。

攻略

后山有到泰安古镇的电瓶车，古镇离门口大概1千米，可根据自己实际情况选择是否乘坐。过了古镇，便是后山。

味江河绕着泰安古镇流过，河水清澈无比，有兴趣的可以划着竹筏顺着河水随性漂流，一览周边的秀丽风光。

8 五龙沟

五龙沟全长 8 千米，因传说古时有五条神龙隐于沟中而得名，这里是后山景色最为美丽的地方。

溯沟而上，溪水横流，山花烂漫，峰峦叠嶂，岩耸谷深。主要景点有神秘莫测的金娃娃沱（三潭雾泉），景色绝佳的龙隐峡栈道，韵味无穷的石笋岩、回音壁以及蔚为壮观的五龙抢宝、白龙吐水、水映彩虹等瀑布景观。

9 白云洞

青城山后山主峰在蓥华山与熊耳山相连的半山腰悬崖峭壁中，散布着大大小小上百个天然洞穴，通称“白云洞”。

群洞分为三层，高低错落，迂回曲折，从北至南，绵延约 2.5 千米。每个洞中都安坐着一尊佛像，姿态各异，神态万端，栩栩如生，惟妙惟肖，主要有卧佛洞、地藏洞、通天洞和大佛殿等，其中最著名的是大佛殿。此洞宽 100 余米，深数十米，两头砌有青瓦围墙，洞内彩塑有真人大小的观音三十二应身像，诸像风姿绰约，婀娜动人。

在蓝天白云的映衬下，青城后山更显一片葱茏。恢宏的古建仿佛在诉说着悠悠岁月。

攻略

景区交通 游遍景区不犯愁

❶ 索道：景区内有索道直通山顶，前山索道单程35元，往返60元，路线为：月城湖—四望观；后山金骊索道单程30元，往返55元，路线为：飞泉坊—石笋堂；后山白云索道单程35元，往返60元，路线为：又一村—白云寺。

❷ 渡船：前山月城湖船票为5元，线路为：月城湖—丈人泉；后山翠映湖渡船为2元。

❸ 滑竿：也称“轿子”，是青城山的特色交通工具，按里程收费，平均价格30元/千米/乘。

住宿 驴友力荐的住宿地

青城山前山山门外及后山山门内外遍布大、中、小型各档宾馆、酒店、度假村（总数至少有七八十家），客房均舒适干净。

另外，青城前山的上清宫、天师洞等道教宫观，以及后山的又一村、泰安寺等景点都可借宿，而且很便宜。

隐秀山庄：是一家集住宿、特色餐饮、娱乐、会议、休闲及相关配套为一体的准星级的旅游酒店。山庄建筑以休闲度假为主。中式花园集休闲与娱乐为一体，自然天成、融于一体。

天辰上善酒店：位于青城山大三路156号，是一座拥有经营面积近7000平方米的五星级高档度假休闲酒店。酒店有院落式客房53套，装修精致典雅，服务设施一应俱全，配有宴会厅、网球场、游泳池等设施。

后山住宿十分完善，既有档次较高的星级宾馆，也有充满天然野趣的农家乐，适合不同人的需求。

青城山庄：山庄四周常年群山绿树环绕，鸟语花香，空气清新，风光秀丽，整体建筑风格以原石、原木为主要基材，客房家具为满天星香柏实木制作，别墅家具为藤木结构，充满休闲的情趣和养生的惬意。会议、餐饮、娱乐等设施都是采用先进标准打造。

青城山乡村酒店：距青城山门仅300米，是一座集餐饮、住宿、会议、休闲、度假为一体的三星级酒店。酒店内设施分布巧妙自然，锦鲤嬉戏，盆花、盆景、山石点缀其间，美不胜收。

白云古寨：位于望云岗前小坪上，是一个专门提供餐饮和住宿的农家乐聚集区，这里全为木结构古式建筑，高低错落有致，古寨风韵悠然。周围群山环绕，满目苍翠，风景怡人，寨中云集了几十家农家乐，日间品尝农家美食，夜宿木床听山间松涛。

美食 饕餮一族新发现

洞天乳酒、洞天贡茶、道家泡菜和白果炖鸡被誉为“青城四绝”，此外山中所产的莲花菌、川芎、青城老腊肉、猕猴桃酒也值得品尝。

前山景区从低处到高处分布着一些餐馆，如青城仙馆（青城前山内）、石笋堂（月城湖附近）、琅环仙馆（青城前山内）等，山门外的餐馆有红云老鸭汤、祥侬国鸡宴等。

后山也聚集了很多美食点，如泰安古镇、又一村和白云古寨等地，这里的餐厅鳞次栉比，可以品尝到来自全国各地的美食。山门外的青城山镇也建有很多餐厅，特色美食主要有白果烧鸡、道家泡菜等。

又一村：位于五龙沟之上的桃花溪，得名于陆游的“柳暗花明又一村”。村中约有40户人家，依靠青城山美景，户户都建起了客栈，吃住两用。品尝着山间美食，欣赏着林间美景，实在乐趣无穷。

行程推荐 智慧旅行赛导游

青城前山步行游览路线：怡乐窝—天然图画坊—天师洞—祖师殿—朝阳洞—上清宫—老君阁（青城第一峰）—圆明宫—玉清宫—月城湖（渡湖）—建福宫。

青城前山索道游览路线：景区大门—怡乐窝—月城湖（渡湖）—索道—上清宫—老君阁（青城第一峰）—朝阳洞—祖师殿—天师洞—天然图画坊—怡乐窝—景区大门—建福宫。

青城后山沿溪游览路线：五龙坊—金娃娃沱—又一村—坐白云索道—天桥—翠映湖—百丈桥—金骊索道下站。

青城山二日游路线：DAY1：青城山—建福宫—上清宫—老君阁—天师洞—天然图画坊，第一天游览青城前山，看山间不同年代、不同风格的道教宫观，领略道家文化的魅力；DAY2：泰安古镇—五龙沟—又一村—白云寺—翠映湖—金骊索道，这一天主要游览青城后山的山水美景，看山涧、瀑布、水潭，呼吸林中的新鲜空气。登上山后可以坐索道下山。

白鹿镇

风情万种的“法国小镇”

微印象

@音乐人孙伟 今天来到传说中的法国风情小镇——彭州白鹿镇，领略了各式法国风情建筑，风情小吃美食、浪漫音乐、经典书画，在白鹿河畔享受着大自然的清风拂面，喝着欧式咖啡，尽情享受天伦之乐。

@侧耳 白鹿镇现在还没有完全被商业化，是个很值得一去的地方，空气好，人也不多，冷水鱼挺好吃的，太阳也好！

门票和开放时间

门票：免费。开放时间：全天开放。

进入景区交通

位置：成都市彭州市白鹿镇。

1.班车：从成都市区五块石汽车站乘坐大巴到彭州市区，然后从彭州客运中心换乘专门的大巴到白鹿镇。

2.自驾车：从成都市区北三环大丰镇立交桥上成彭高速行驶至彭州收费站下高速，然后沿着牡丹大道—金彭大道—朝阳北路—小夫路行驶即到白鹿镇。

景点星级

休闲★★★　特色★★★　美丽★★★　人文★★　浪漫★★　刺激★

白鹿镇位于彭州市的北部山区，依山傍水，一条河流将小镇分隔成两半。小镇曾在汶川大地震中受到重创，重建后除了留下了不少地质遗迹外，这里还在废墟上兴建了成都平原唯一的一座中法传统风情小镇。

小镇周边青山环抱，绿水蜿蜒，丛林中掩映着童话世界般的欧式建筑，到处都能寻找到法式的浪漫风情。主要景点有2号公园、地震科普馆、香槟小镇等。

1 2号公园

2 号公园是为了纪念汶川大地震建立的一座公园，“2”是“爱”的谐音。

公园里集聚了一些地震遗址，展现了 5·12 地震时的惨烈场景，主要有中法友谊桥遗址、“新加坡”地震遗址、地震学校遗址等。其中，中法友谊桥始建于 1893 年，为一座砖石结构的双孔拱桥，全长 30.8 米，桥面用青石板铺成。古朴典雅、工艺精巧，在 5·12 汶川大地震中轰然垮塌仅存一半桥身，现作为一份历史遗产永久留存。

链接 史上最牛教学楼

“5·12”汶川大地震发生时，白鹿镇中学学校周围建筑物几乎全部倒塌，唯独两栋教学楼屹立不倒。更让人惊讶的是，地震波从两栋教学楼之间穿过，左侧的比右侧的瞬间整体抬高近3米，被大众誉为“史上最牛的学校”。

2 地震科普馆

地震科普馆是为纪念汶川大地震建立的一座科普主题馆，共分为六大板块，包含地震遗址、地震故事墙、地震常识、预防地震、地震避险、震后生存等相关主题的 36 个功能分区，采用二十多种声、光、电多媒体系统配合演绎、体验和宣传教育。

游客参与地震科普教育的时间为 149 分钟，这不仅仅是对 5·12 地震的纪念，更将呈现地震发生后的大爱精神，用最真实的方式，记录下人性光辉的瞬间，留给后代，永垂不朽。

攻略

地震体验馆有一个巨大4D影院，走进后，游客可真实地感觉大地震震级体验，震级可根据游客需求进行调节。为了营造更加逼真的效果，体验馆还增添了声、光、电等4D技术，立体地体现出地震时的灯光闪动、人群喧哗等声音，给人逼真的感受。

3 香槟小镇

香槟小镇被誉为“中法友爱的百年发源地”。1868 年，法国传教士洪广化带着《圣经》来到了白鹿镇建造了修道院、下书院以及上书院。之后，英、法、德等国友人在白鹿镇建起避暑别墅，丰富了这个小镇的异国气息。

在经历“5·12”汶川大地震洗礼后，废墟上新建了一座法式风情小镇——香槟小镇。一幢幢欧式风格，如童话世界般透射着浪漫气息的村民新居鳞次栉比。别具一格的坡地、草地、广场、街道、屋顶等细节展现出法兰西民族独有的浪漫情怀。在这里，可以看到厚重的城墙、彩色的尖屋顶、精致繁复的装饰花纹，处处洋溢着法式的浪漫风情。

攻略

香槟小镇上有各式咖啡屋、面包房、歌舞厅、画坊等，以及法国香水、葡萄酒、薰衣草等工艺品销售店铺。徜徉在其间，游客看到的是正宗的法国文学、电影、绘画中的元素，感受到的是原汁原味的法国情调，不妨停下来，细细地品味这滴滴似金的曼妙时光。

4 白鹿上书院

白鹿上书院是新中国成立以前西南地区培养高级神职学者之地，即传教士的大学，也是中国西南地区最古老的天主教神学院。

作为原汁原味的法式教堂，上书院既有典型欧洲罗马式和哥特式的建筑特征，又兼有中国四合院落的结构。上书院院内大量的五彩玻璃、大理石和优质木材，皆是从法国千里迢迢运送而来，白色的立柱和灰黑色的屋瓦，展现了书院别具一格的建筑风格。

5 白鹿森林公园

白鹿森林公园占地 34 平方千米，公园内山峰突兀，千姿百态，峡谷陡峭迂回，蜿蜒不绝；漫山遍野的树木青翠欲滴。

这里动植物种类繁多，尤以史前植物珙桐、水杉、银杏最为珍贵。林木之间隐藏分布了一些溶洞，里面的石柱、石笋、石花等造型别致，各不相同。其中，五龙洞海拔 1200 米，洞口高约 10 米，深约 200 米，洞中有水、水下有洞、洞上有山，洞内造型独特的石钟乳令人浮想联翩。

攻略

住宿 驴友力荐的住宿地

位于上书院东北侧的阿尔萨斯城堡被誉为“迷你蜜月度假天堂”。城堡取自于法国阿尔萨斯小镇原型。城堡占地6600平方米，为一个集餐饮、娱乐、休闲、观光于一体的高端度假胜地，包括烛光晚餐、高端酒店、私人会所和时尚娱乐等项目。

阿尔萨斯城堡特为前来的情侣提供各类主题晚餐，如订婚、结婚纪念日、金婚等，让每对前来的游客感受不一样的浪漫聚会，体验到不用出国的法兰西蜜月之行。古堡内设置了棋牌沙龙、雪茄沙龙、文艺沙龙、红酒沙龙等多家时尚主题俱乐部，游客可以根据自己的爱好，前往俱乐部，感受与体验不一样的高端氛围享受。

美食 饕餮一族新发现

来到白鹿小镇既能前往香槟小镇品尝正宗的西餐，挑选一家法式西餐厅，点上一瓶红酒，在烛光中享受完全的二人世界，也能去往道路两旁的农家院品尝天然的农家饭。

当地人利用特有的资源，将药膳融入农家菜，形成药膳系列；利用禽类、野菜、菌类、蕨类等天然菜蔬，形成有农家风味的特色餐馆，品味纯正，滋补养生。

郫都农科村

中国农家乐的发源地

微印象

@豆妈带你游成都 农科村的海棠花美丽，农家乐有趣，还有正宗川菜，让人流连忘返。

@徐小小鹏 农科村，一个没有围墙的花园。那些灿烂盛开的油菜花、海棠花、梨花、樱花以及温暖人心的阳光，处处是风景、时时皆幸福。

门票和开放时间

门票：免费开放。开放时间：全天开放。

最佳旅游时间

农科村遍种海棠树，每年的3月份，满园子里海棠花含苞欲放，随风摇曳，绰约动人。同时还会举行盛大的海棠节，包括演艺、猜灯谜、摄影、丢沙包、放风筝、跳绳、游园等活动。

进入景区交通

位置：成都市郫都区迎宾路与IT大道交叉口。

公交：成都茶店子公交站乘716路公交至友爱镇站下车。

景点星级

休闲★★★　特色★★★　美丽★★★　人文★★　浪漫★★　刺激★

郫都区农科村被誉为“中国农家乐旅游发源地”，这里空气清新，田野空旷，山峦高耸，绿树葱郁，溪流湍湍，犹如一幅清新写意的水墨画。

这里还是西汉文学家扬雄的故里，川西传统民居的集中地和形态各异的盆景之乡。一户一院，一园一景，奇花异草争奇斗艳，盆景艺术巧夺天工。依托这些优势，农家旅游接待、餐饮、休闲、度假、娱乐项目齐全，农科村正在成为成都市郊一道靓丽的风景线。

1 中华盆景园

中华盆景园占地两万平方米，园内栽植川派、徽派、江南派、岭南派等流派的盆景植物2万余株。大多树桩盆景取材深山老林百年以上的古树桩头，经艺术加工而成，其风格迥异，姿态万千。

另外，景区还配植乔、榕、花、草、藤等川西本土植物和从云贵高原引进的珍贵植物，多种群的植物相互衬映，形成了和谐自然的生态环境。

点赞 @芙子 和成都市区周边的农家乐比，郫县农家乐最主要的特色就是园艺式的农家乐，去了仿佛置身于园林中。午后阳光极好，呼吸新鲜空气，骑双人车，喝茶，舒服。

2 老羌陶艺园

老羌陶艺园占地2000多平方米，设有陶瓷种类齐全的专业展厅，配备了各种陶艺设备，如陶土、瓷土、釉色等，有专业的陶艺师现场指导，可以亲手体验制陶的乐趣，体验旋转变换的魅力，感受手指间流动的快感。

3 子云廊园

子云廊园位于友爱镇迎宾路，是纪念一代大儒扬雄的主题园林。

园内的文化长廊简述了扬雄一生及其对社会的贡献，洗墨池旁伫立着扬雄的雕像，千年汉代银杏林仿佛回荡着泱泱汉风。每一处栏杆，每一个树池都融入了扬雄的辞赋文章及汉代丰富的生活场景。游历其中，文风粲然，美景动人。

链接 扬雄

扬雄（前53—公元18），字子云，生于成都郫县（今成都市郫都区）友爱镇。西汉官吏、学者，博览群书，长于辞赋。扬雄是继司马相如之后西汉最著名的辞赋家。所谓“歇马独来寻故事，文章两汉愧扬雄”。在刘禹锡著名的《陋室铭》中“西蜀子云亭”的西蜀子云即为扬雄。

4 川西民俗农家收藏馆

川西民俗农家收藏馆是一个专门收藏农耕用具的专题性收藏馆。

收藏馆分为农事物品展示区、川派盆景展示区、书画展示区、奇石和器皿展示区，进入收藏馆可以看到磨面、磨米用的石磨，量粮食数量用的木斗，清除谷物中杂草的谷风机，装水的石水缸，耕田犁地用的犁耙和用于纺线的纺车等带有历史感的农具。

5 农家乐发源地史料馆

农家乐发源地史料馆通过翔实的图片和文字记录了农科村的农家乐的诞生和发展轨迹。

史料馆展示了农家乐由第一代以吃农家饭、住农家房、进行简单的农事体验为主；到第二代以展现乡村文化品牌为主；再到第三代发展小型化、精致化和量身定制、具有鲜明的地方特色，满足了不同层次消费者多元化需求。

6 徐家大院

徐家大院占地 1 万多平方米，为“中国农家乐第一家”。

大院大门旁的一块大石上镌刻红色的“中国农家乐第一家”一行大字，周围灌木绿荫、山石叠层。门坊为二重屋檐，四柱三间，为典型的川西民居风格，门坊上高镌四颗金星，标志为“四星级农家乐”。两边为黛瓦粉白色弧墙，墙绘有农耕图和车水图，显得清新秀雅。大院至今依然保存了第一代农家乐旧址，为一层川西民居平房，林荫掩映，优雅闲适。

攻略

美食 饕餮一族新发现

农科村生态环境淳朴天然，食材多为天然，餐厅众多。

美蛙庄园：庭院不大而布局有致，花团锦簇，仿古小楼绿荫簇拥，园内可一次接待100人就餐，餐饮一贯注重突出地方风味。尤以所推出的美蛙系列佳肴独具特色，如豉椒美蛙、土鸡四吃等。

乡坝土鸡庄：位于农家乐广场对面，院内可同时容纳100余人就餐，特色菜品有芋儿笋子鸡、凉拌土鸡、一鸡四吃及各色农家菜等。

此外，农科村的休闲购物街出售各种特色商品，最有名的便是杨德怀萝卜干和郫县豆瓣酱。

农夫坝坝宴：每年3月，农科村九斗碗坝坝筵都将陆续摆上桌，游客只需在现场购买一张套餐票围桌而食。趁着好天气，到农科村耍农家乐、晒太阳的游客不妨去感受一番。

娱乐 城市魅力深体验

农科村时常开展丰富多彩的民俗活动，让游客体会原汁原味的民俗风情。如传统的秧歌、腰鼓、狮灯、龙灯、杂耍、骑马观光、推鸡公车、磨豆花、叉糍粑等。在农家乐广场上经常会上演各种精彩的文艺演出，如太和牛灯、老年秧歌队、川剧、皮影戏等。

“坝坝电影”即“露天电影”，在空地上，放映员支起电影幕布，安置好数字放映机，放置好环绕立体声音箱。游客席地而坐看得津津有味。这场景，仿佛时光一下子回到了很多年前。

农科村的“农家乐”设施发展十分完善，各种星级都齐全。整个村庄，家家户户分别以“桂香园”“菊园”“静香园”“益心园”等门匾高挂，楹联匾牌比比皆是，翰墨飘香，文化氛围浓郁。游客们可以在这里从事赏花、品茶、农家餐、农事等多种活动。

另外，农科村里有一条长达13千米的自行车骑游道，如一条金线将景区田园风光、民俗风情、滨河休闲和农家乐文化串为一个整体。沿线时而林荫蔽日，时而沟渠相伴，时而满眼葱绿，充分展示了良好的生态环境，令人享受。

农科村每年3月还会举行海棠节活动，各种游园活动、民间工艺表演和民间杂耍精彩纷呈，如推鸡公车、滚铁环、丢沙包、甩陀螺、糖画、米上刻字等乡趣十足的民俗活动。另外，在海棠节期间，将举行“随手拍世界，影像农科村”摄影大赛，爱好摄影的游客不容错过。

川菜博物馆

世界唯一菜系文化博物馆

微印象

@银Y耳 在川菜博物馆里跟大厨学习传统川菜手艺，古老的县城，独特的魅力。

@茶语醉心 弘扬川菜文化，发展川菜事业，在川菜博物馆不仅可以了解川菜的美味，还能更深入地了解川菜的历史。

门票和开放时间

门票：60元。开放时间：9:00~18:00。

进入景区交通

位置：成都市郫都区古城镇荣华北巷8号。

地铁：市区乘坐地铁2号线至犀浦站下车，再转乘P214路公交至古城站下车。

景点星级

特色★★★★　休闲★★★　美丽★★　人文★★　浪漫★★　刺激★

川菜博物馆是世界上唯一以菜系文化为陈列内容的主题博物馆，占地2万多平方米，通过收藏文物、川菜现场演示、川菜原料展示等全方位介绍了川菜源远流长的文化和菜系的独特工艺。博物馆分典藏馆、互动演示馆、品茗休闲馆、灶王祠、川菜原料加工工具展示区等。

1 典藏馆

典藏馆以文物、典籍、图文展示了川菜的历史文化，展出了从战国至现代的3000多件川菜饮食器皿，从使用功能上可分为煮食器、盛食器、酒器、用餐器、茶具，从材质上可分为青铜、牙骨、陶、瓷、铁器、木、竹等。游客借此可以充分了解川菜文化的起源、演变、发展及川菜文化的形成。

馆内还包括与川菜有关的文字介绍和书籍、菜谱、图稿，例如画家张大千手书的食谱；一张标明婚宴时间地点的民国时期的结婚证；作家李劼人请作家沙汀赴宴的请柬，附录了菜单，将宴席的菜肴都一一列出。

2 互动演示馆

互动演示馆是全玻璃钢结构的开放式厨房，白衣白帽的几十位大厨一字排开，运用了炒、熘、炸、爆、烧、煨、煮、煸、炖、煎等十几种烹饪方式制作各种菜品。游客不仅可以真切地观看和品尝地道的川菜，而且还能了解到川菜的就餐形式。

攻略

在互动演示馆，游客可以在厨师的指导下，穿上厨师的衣服，在大厨的指导下去体验制作一道川菜，并品尝自己制作的菜肴。

3 品茗休闲馆

品茗休闲馆体现了川菜文化“茶饭相随、饮食相依”的特点，川菜文化将文化、宴饮、娱乐、休闲融为一体，饮茶品茗也是川菜文化的组成部分。

川人饮茶形式不拘一格：春秋之季在阳光之下喝坝坝茶；盛夏之时在树林中、在林荫下饮茶纳凉；茶房品茗则四季皆宜。在休闲馆里，精心制作的藤椅、采自峨眉山的绿茶、周边葱郁的树木让人体会到一种逍遥感觉。

4 灶王祠

灶王祠是传统川菜文化以及四川民俗文化的组成部分。

在民间，灶王就代表“上天言好事，下界保平安”。灶王祠内供奉有灶王菩萨，逢年过节都会举办盛大的祭拜灶神仪式。届时，人们载歌载舞，颂读祭文，烧香敬酒，行祭拜礼，祈求风调雨顺，生活平安。

攻略

灶王祠每周日13:30~16:30，都有免费的川戏可以听，只需要付一杯茶钱，您就可以一边喝茶，一边欣赏川戏了。

点赞 @五香嘴 敬灶王，崇食尚饮，你可以感悟一餐一饭的来之不易，从而理解珍惜生活、与自然和社会和谐共处的文化内涵。

链接 郫县豆瓣酱

郫县豆瓣素有“川菜之魂”的美称，产于四川郫县（现郫都区）。郫县地处成都平原中部，因得都江堰灌溉之利，盛产稻、小麦、油菜籽、胡豆（蚕豆）、大麻等。这里的胡豆品质优良，以它作为主要原料加工制成的豆瓣酱，油润红亮，瓣子酥脆，有较重的辣味，香甜可口。除用作调味外，也可单独佐饭，用熟油拌，其味更佳。

5 川菜原料展示区

川菜原料展示区展示了一些制作川菜的原料和加工工具。鸡鸭在院子里悠闲散步觅食，猪圈里肥肥的猪儿在酣然大睡，菜地里种着芹菜、辣椒、茄子和葱蒜等各种纯天然蔬菜。在这里，还可以看到很多年代久远的食物加工工具，榨油机、碾子、石磨、谷风机等，古朴、幼拙。

展示区最大的看点是郫县豆瓣作坊，晾晒豆瓣的数十口大缸，整整齐齐排在院子里，实地实物，展示豆瓣制作的传统工艺。

攻略

川菜原料展示区辟有几块菜地，游客既可以亲手采摘自己喜欢吃的蔬菜，也可以学着锄草和播撒种子，野趣无穷。

第4章 邛崃周边

花舞人间观光园
花水湾温泉度假区
西岭雪山
天台山
石象湖

成都深度游 Follow Me ★★★ 慢旅行的倡导者

花舞人间观光园

成都的后花园

微印象

@刘果平 7月，正是荷花盛开的季节，花舞人间倾心梯塘内的荷花已经竞相开放。碧绿的荷叶浮在水面上，三三两两的粉荷、白荷点缀其间，幽香扑鼻而来，沁人心脾，浮躁的心灵顷刻间平静下来。

@苦命的人 花舞人间观光园风景很不错，还会定期举办杜鹃花节，可以在湖中划船、漂流，很休闲。

门票和开放时间

门票：80元。开放时间：8:30~17:30。

最佳旅游时间

春夏最佳。3月，园里一派鸟语花香的景象，五彩缤纷的杜鹃花、桃花、梨花、海棠花、樱花等都笑盈盈地竞相怒放，让人流连忘返。

进入景区交通

位置：成都市新津县永商镇梨花大道一段555号。

1.公交车：从成都市新南门客运站、石羊汽车站、金沙车站、城北客运中心站乘车至新津县城，约需50分钟；然后在新津汽车站转乘出租或522路公交车即可到达，车程约10分钟。

2.自驾车：从成都市区沿成雅高速行驶至邓双出口下高速，然后行驶至新蒲路口前行2千米即可到达。

景点星级

美丽★★★★　休闲★★★★　特色★★★　人文★★　浪漫★★　刺激★

花舞人间生态观光园是一个集生产经营、观光旅游、休闲娱乐等功能于一体的都市农业主题公园，园内拥有大面积的果园、草坪、花卉、湖泊等景观。果园内乔灌相拥，四季花开香果不断，各种各样的鲜花竞相绽放，妖娆多姿；周边湖水荡漾、溪水蜿蜒。依托美丽的自然景观，观光园兴建了包括人间印象在内的数十个景观，均呈现出山水交融、情景合一之妙。

观光园景点的低碳设计在全国是遥遥领先，其曾获得联合国颁发的“全球低碳景区最佳范例”的称号。美丽的山景、水景、花景以及掩映在林木之间的休闲会所或别墅酒店使得这里成为成都市难得的一个天然度假胜地。

攻略 **花舞人间四季赏花**

景区内花开四季，四季不同：春季，杜鹃、海棠、桃花、樱花竞相开放，烂漫无比；夏季，荷花、三角梅、紫薇、美人蕉相继盛开，飘香四溢；秋季，菊花、野百合悄然吐蕊，甚是清新；冬季，红叶、郁金香、兰花昂然绽放，五彩缤纷。

1 生命颂

生命颂景区由“水落石出”“一举一动”“石破天惊”和“人间春色”四个景点组成，旨在歌颂生命的顽强、美丽与可贵。

其中“一举一动”是一块约五吨重的石头，每 18 分钟就会被下面的小花儿、小草儿顶起来。“水落石出”展现的是随着池中水位缓缓下降，出现石出、花开、草现的景观。这些景观没有使用电能，而是利用了水的浮力和落差。

2 同心潭

同心潭由多层同心环形水道组成，其中的“时空环道”，内侧由 365 块条石组成，寓意 365 天，每块石头上铭刻着历史上的今天所发生的大事。

其外侧也由 365 块条石组成，标明了成都、四川、中国、世界共 365 个城市的地理位置，游人可在上面找到自己家乡的位置。新增的“旋转茶座”和“时光环道”使游客可以如展开画卷一般 360° 欣赏山水风光。

3 情人之舟

情人之舟是巧妙地利用一座山的山势而为，远远望去仿佛一条弯形的船，旁边栽种了无数的玫瑰花，使得这里成为无数青年男女着迷的“泰坦尼克号”，很多新婚夫妇都以此为背景来拍摄婚纱照或举办婚礼，堪称一绝。

4 一亩池

一亩池由 8 个圆形水池组成，每个水池的面积均为一亩，因而得名“一亩池”。水池中种有荷花，每逢 7 月，荷花盛开，把 8 个水池装扮得更加缤纷美丽。而水池周围种植有桃树，当桃花烂漫时，更是休闲和摄影的好去处。

击鼓喷泉：为全球独创，无须用电，用双拳有节奏、力度合适地连续击打鼓面中心 5 至 6 秒，喷泉池的水就会喷涌而出，非常神奇。

99 级瀑布：由宽 2 米落差 1 米的水台构成。瀑布水面如丝绸般平滑，晴空之下犹如高悬在大地之上的明镜，令人叫绝。

点赞 @芒果绵绵欣 在新津的花舞人间，徘徊在花海中，感叹着荷花“出淤泥而不染，濯清涟而不妖”的品质；用相机记录下美景下动人的身姿，让人尽兴而归。

5 半山运河

半山运河全长 3000 米，从景区的一座山穿越 4 个山洞，直奔山另一边的“花海”和“果海”，并将山两边的风景连为一体。从远处看，半山运河恰似仙女身上的轻纱，轻柔而飘逸。运河一边是茂密森林，一边是花草丛生，划船其中，聊天赏景，趣味无穷。

6 樱花湖

樱花湖是花舞人间五湖之一，形状酷似水鸟，坐落在半山腰，与 506 小道接壤。湖边种有日本樱花，每逢 4 月，樱花盛开，粉红色的花蕾好像天边淡淡的云霞，微风吹过，片片花瓣飘落入水中，非常美丽。

7 杜鹃长廊

杜鹃长廊依山而建，长达 400 米，两旁遍植各种杜鹃。每逢阳春三月，长廊两旁绽放的杜鹃或傲然挺立，或贴地而生，不一而足，蔚为奇观。此外，廊内还刻有诗仙李白、诗圣杜甫及唐玄宗李隆基等历代名人咏新津的诗句。

攻略

杜鹃花节：每年3月，景区举办盛大的杜鹃花节。漫山遍野的杜鹃花绽放，一朵朵，一簇簇，一片片，淋漓尽致地展示生机勃勃的春天。游客可以徜徉在花海中，晒着太阳，尽情享受这迷人春色。

攻略

住宿 驴友力荐的住宿地

观光园的静心楼为一座位于山水之间的连排别墅，依照国际休闲度假理念设计，每幢楼独具特点，注重空间的私密性、服务的品质性和享受的奢华性。设有40间尊享客房和1处总统套房，里面布置十分豪华，各种娱乐实施一应俱全。体验到如梦如幻的住房休闲感受。

美食 饕餮一族新发现

观光园的醉心楼可同时容纳800多人就餐，设有6个花舞包间，2个宴会厅，1个金色大厅，聚集来自全国各地的美味佳肴，川菜、粤菜、鲁菜都能找到，当然这里最出名的当数天然农家菜肴，如新鲜的河鱼、绿色的野菜和白色的蘑菇等。就餐之余，还可以到里面的茶楼或露天茶座品茗休闲。

娱乐 城市魅力深体验

森林漂流河道全长500米，坐落在海拔500米的半山之中。乘坐皮划艇随激流不由自主地飞驰而下，狭窄的河道、湍急的河流、嶙峋的奇石、激烈的碰撞，河道迂回曲折，飞溅起的水花打过全身，在漂流途中，欢呼声、尖叫声、呐喊声一路相随。

此外，观光园将现代科技和天然美景很好地结合起来，设有投篮机、蹦蹦车、木马、高空弯道、遥控船、翻斗机等十多种游乐项目，尽情感受精彩和刺激。

行程推荐 智慧旅行赛导游

花间漫步（步行线路）：西大门—迷宫花园—生命颂—同心潭—倾心梯塘—情人之舟—鱼水塔—海棠山舍—樱花湖—花卉博览园—沿森林步道到七彩园—森林漂流—沿森林步道到云海—杜鹃长廊（途经滑草场、击鼓喷泉、升降水亭、珍珠滩）—赏心亭—静心楼——亩池—西大门。

游弋花间（乘车、游船线路）：西大门—迷宫花园—生命颂—同心潭—乘观光车至云海（途经情人之舟、雾海、九十九级瀑布、宝瓶池）—花卉博览园—沿森林步道到七彩园—乘游船至森林漂流—沿森林步道到云海—杜鹃长廊（途经滑草场、击鼓喷泉、升降水亭、珍珠滩）—赏心亭—倾心梯塘——亩池—西大门。

花水湾温泉度假区

药泉度假小镇

微印象

@桔子 大邑县花水湾温泉非常不错，夏季避暑胜地，冬季游玩佳境。

@小丸子 不想离开花水湾了，喜欢这里的温泉、烧烤，还有热情的大邑人民。

门票和开放时间

门票：温泉区各温泉酒店票价不同，游客可以选择网上提前订票，会有相应折扣。开放时间：温泉区各温泉酒店开放时间不同，节假日有所变化。

最佳旅游时间

11月至次年3月是泡温泉的最佳时间，在寒冷的冬天，温泉与空气凝结成水雾缭绕的仙境，在这样的温泉风光中体验和感悟露天温泉，别有情调；春天草长莺飞，山花盛开，在怡人的景色中泡温泉使人身心愉悦，养生疗效加倍。

进入景区交通

位置：成都市大邑县花水湾镇温泉南街。

自驾车：成都市区沿着绕城高速——成温邛高速行驶至大邑县出口下高速，然后转上西岭雪山花水湾旅游快速通道，穿过西岭隧道即到。

景点星级

休闲★★★★　特色★★★　美丽★★★　人文★★　浪漫★★　刺激★

花水湾是川西旅游黄金线的中心点，小镇依山傍水，风景秀美，绿树婆娑，尤其是著名的花水湾温泉更是名闻遐迩。温泉形成于远古四川盆地海陆地质变迁时期，为罕见的距今四万多年的古海水温泉，海水通达地层深处被地心高温加热形成，出口水温达68℃。

花水湾温泉被誉为“高矿化药泉”，富含数十种对人体有益的微量元素，具有极高的医疗保健价值。此外，它还是一种奇特的变色温泉，水体中各种矿物质结晶析出时，会由无色透明渐渐变幻出淡绿、绿、深绿、灰绿、黄、乳白等色彩，因此被誉为“天府奇汤”。

1 花水湾温泉第一村

花水湾温泉第一村酒店位于花水湾镇温泉南街 138 号，拥有普通、豪华标间，温泉别墅套房等各类房型，能同时接待近 300 人消费。3 个温泉别墅都是欧式建筑风格，拥有独立花园、独立温泉池。这里有露天温泉池 6 个，还有温泉小池、花园小池。其中，露天温泉池群为三叠设计，厅内还有烫泉、太级冲浪、儿童戏水池等。

温泉水层层叠叠由上而下，水满自溢，常流常新。露天温泉池全部以大理石铺就，泉池四周道路为青石铺面，大厅墙面镶嵌着春夏秋冬“四季女神”大理石艺术浮雕壁画。两座凉厅及烧烤区供人浴间小憩和品尝特色佳肴。别墅还都配有两个独立的花园温泉池，花园中四面绿树婆娑，红亭绿伞，形成一个舒适惬意的小世界。

攻略

在各个温泉酒店中，都提供有美食餐饮。另外有一些餐厅分布在各个温泉酒店之间，如钟氏鱼庄、叶子冷锅鱼、鼎香阁酒店等。钟氏鱼庄位于花水湾温泉南街，主营各类河鲜、本地野生鱼，以及各类野菜等。电话：13568524843。

2 樱花宾馆

樱花宾馆是一座具有全日式建筑风格的温泉度假酒店，坐落在花水湾温泉度假区内。酒店占地面积3万平方米，拥有1万3千平方米的四季常绿景观园区，400平方米的阳光广场和300平方米的观赏鱼池。

酒店有温泉池13个，包括1个主体瀑布温泉、1个按摩温泉池、4个恒温池、2个足底按摩池、1个温泉暖床、1个中药温泉池、1个躺浴温泉池、1个木温泉池、1个井温泉池。温泉四面青山相伴，绿水依依，茂林修竹，优美的自然生态环境与温泉完美结合。

点赞 @悦光如水 我感觉这里是花水湾环境最好的一家温泉，优雅精致，走到里面，像是到了另外一番天地。在里面泡温泉能看山看水，早上起来能在阳台看见云雾，很享受。

3 花水湾名人度假酒店

花水湾名人度假酒店是一家由中铁二局斥资22亿元打造的由城市名人酒店集团管理的五星度假酒店，是西南地区最大的温泉水会酒店。

花水湾名人度假酒店占地3万多平方米，有日、泰、中各式别墅8栋，酒店全领域覆盖无线网络，24小时中央空调，所有房间均配备浴缸。花水湾名人度假酒店拥有各类客房201间，温泉水会是酒店的一大亮点，酒店拥有65种特色汤池，集道教养生、治疗保健、美容美体于一体，令人享受花鸟共语的惬意。

点赞 @我住4楼 地方真心好住，温泉真心好泡。房间里的采光不错，能够看到落地窗和外面的环境，有一种景色尽收眼底的感觉。

4 趣味高尔夫球场

高尔夫球场位于花水湾度假小镇温泉水疗区的交通节点上，紧邻五星级酒店后勤区，俯览花水河。高尔夫球场占地7000多平方米，拥有大果岭区12洞推杆练习场，小果岭区27洞趣味高尔夫。球场充分利用原始地貌、天然植被与独特的沙坑和水障碍，造型更具多样化。

5 千佛山

千佛山位于花水湾镇西北部，海拔 1700 多米，常年雨水丰沛，植被茂盛。千佛山因环山悬崖峭壁上雕刻了上千尊佛像而得名，宗属道教。由于海拔相对较高，且雨水较多，常年云雾缭绕，从唐王坝远眺千佛山犹如置身云中仙山境地，给人以神秘而向往的感觉。前往千佛山的大多是一些虔诚的香客。

山中满目苍翠，流水潺潺，红色砂岩上分布着数十个大大小小的洞窟，约有 30 米高，里面放置了汉代至唐代多座雕像，有西天佛祖、玉皇大帝、太上老君、赵公明、孙悟空等，题材十分广泛。

攻略

1.千佛山常年气温较低，空气湿润，尤其是夏天，气温可比成都市区低5~10℃，是成都近郊理想的避暑胜地。千佛山森林覆盖率非常高，尤其是名木古树繁多，空气质量非常好。景区内山泉密布，流水淙淙，水质优良。千佛山道路布局合理，登山便道路况非常理想，非常适合徒步穿越。

2.千佛山顶的千圆道观可提供食宿，以野菜素餐为主，风格独特。野菜有花斑竹、刺笼苞、水芹菜、鲜竹笋等。除野菜外，道观还提供自己磨的豆浆和自制的豆腐，味道相当不错。整个千佛山无门票，无购物消费。

故事 千佛山的传说

在当地，人们传说千佛山分为前山和后山。远看前山是一尊睡佛，睡佛上身正是现在的千佛山；而后山则叫万佛山，远看像一尊胖胖的睡佛，也叫万佛朝佛祖；而万佛朝佛祖的侧面又极像一尊睡佛，睡佛侧面的山居然也叫千佛山。形成了三尊大睡佛、两座千佛山的天然奇观。

西岭雪山

东方的阿尔卑斯

微印象

@湘楚人士 西岭雪山是看雪、玩儿雪的好去处，冬季时白雪皑皑，阴阳山一边是白雪皑皑的冬季景象，一边却是春意盎然的春天，感觉很奇妙！

@洛可可 西岭是大部分成都人冬日休闲的必去之处，玩儿雪相当刺激，雪的厚度也比较深，打完雪仗再泡个温泉简直就是人间天堂！

门票和开放时间

门票：前山门票30元，后山门票平时120元，节假日价格为160元，滑草40元/人/小时（包括器具、场地和滑草索道），雪地摩托100元/15分钟。开放时间：周一至周五9:00~17:00，周末及节假日8:30~17:30。

最佳旅游时间

西岭雪山分前山和后山，前山一般是夏天前往游玩，冬天基本上都是去后山玩。冬天的西岭才是名副其实的雪山，既可以赏雪景，又可玩儿各种雪上运动。

进入景区交通

位置：成都市大邑县西岭镇。

1.班车：成都茶店子客运站每天都有专车直达景区，有9:00和9:30两班车，车程2小时左右。游客也可先从成都乘车到大邑，然后在大邑县转车到景区（滑雪场）。

2.自驾车：从成都出发，沿成温邛公路（国道318线）经成温立交桥、温江区、崇州市到大邑县；从大邑县转上西岭雪山花水湾旅游快速通道，穿过西岭隧道，经花水湾温泉至西岭镇，从西岭镇右转就可沿景区专用公路到达西岭雪山滑雪（草）场。

景点星级

美丽★★★★★ 刺激★★★★★ 浪漫★★★★ 休闲★★★ 特色★★★ 人文★★★

西岭雪山因唐代大诗人杜甫的千古绝句“窗含西岭千秋雪，门泊东吴万里船”而得名，雪山海拔5364米，为成都第一峰。在阳光的照射下，雪山洁白晶莹、银光灿烂，茫茫的原始林海，数不尽的奇花异草，终年不断的激流飞瀑，组成了一个壮观旖旎、神秘奇特的高山自然风景区。

西岭雪山分为前山和后山，前山适合于喜好攀登徒步的驴友，后山有漂亮的滑雪场（冬季）和滑草场（夏季）。景区四时景色各异，春天山花烂漫，高山杜鹃成林；夏天瀑布成群；秋天满山红叶；冬天雪景迷人：是成都近郊不可多得的消闲、度假、避暑、登山、滑雪的大型旅游区。

1 花石峪

花石峪从茶地坪至两溪口，是一条纵贯3.7千米的曲折而幽深的溪谷，是一幅山水画廊，一首春天的诗。两岸青山，峭壁对峙，成片的翠竹、山杨、野葡萄、山核桃、七里香、迎春花、映山红和无数不知名的奇葩异草，交替怒放，姹紫嫣红，香气袭人，沁人心脾。

2 瀑布群

瀑布群是雪水从高山倾泻而下形成的“千峰叠翠，万水竞流”的壮观景观，跌瀑流泉高达30多处，高30至70余米，大都隐藏在云雾缭绕的幽谷密林之中，远观山有色，近听水有声，组成了山水林泉的优美图画。

攻略

1.春夏之交，冰雪融化，林间各种野生植物开始争先恐后地破土而出，其中不乏可以食用的美味野菜，如野蒜苗、野葱、野芹菜、野韭菜、野春芽、蕨菜、野山药、折耳根、野木耳、野菌等，可以享受一种山野采摘的独特体验。

2.除了游玩之外，也可前往西岭镇或景区购物中心购买一些当地的土特产，如雪山老腊肉、香肠、红酒果、无花果、野山药或蕨菜、折耳根、鹿耳菲、鲜竹笋、雪山豆等。

3 金猴峰—鹰嘴峰

由瀑布群往上就是金猴峰，拔地而起的群峰恰如春笋丛生。峰高百余米，直指蓝天，峰顶飞霞流云，时沉时浮。峰间云杉招手迎人，其间金丝猴攀缘嬉戏，展现的是一派生机盎然之景。

鹰嘴峰位于金猴峰后面，一座山峰突兀而立，好像一只雄鹰低头俯瞰，跃跃欲猎。山峰下溪水清澈，是小娃娃鱼游乐的世界。

点赞

@小疯子 西岭雪山春季山花烂漫，高山杜鹃成林，夏天瀑布成群，秋季满山红叶，冬天雪景迷人，美不胜收。

@幸福的手背 西岭雪山很美，尤其是第二段缆车穿过云层的一瞬间，阳光美极了，适合拍照。

4 红石尖

从鹰嘴峰继续往左前方走就是红石尖。红石尖位于海拔 3310 米处，是由三四百个柱状红色花岗岩组成的三座山峰，分别被称为上、中、下红石尖。由数百座奇石组成的峰林高低嵯峨、错落有致、身姿各异，有的像狮子，有的像老虎，有的像猴子，奇丽壮美，形态万千。

攻略

登临红石尖眺望，可看见西边的大雪山气势磅礴，犹如世外仙境。旭日东升之际，雪山变成金碧辉煌的世界，称为“日照金山”，为西岭雪山一大奇观。另外，在景区的日月坪上也可观赏到宇宙间移星换斗的壮景。

5 阴阳界

阴阳界是一条仅能容两人并肩行走的狭长山脊，脊顶仅 2 米宽，岩壁如刀削斧劈。它是四川盆地和青藏高原气候的分水岭。山脊的东南方晴空万里，湛湛蓝天，而山脊的西北方却是云蒸雾涌，朦胧世界。

点赞 @秦皇老儿 西岭雪山的“阴阳界”既是分水岭，又是不同气候的分界线，西部为青藏高原气候，寒冷干燥，东部为盆地气候，温暖湿润。这两种不同的气流在此相遇，形成了奇特的气象：一边是晴空万里，一边是阴雨雾蒙，很有意思。

6 雪山滑雪场

雪山滑雪场位于西岭雪山后山，因它同阿尔卑斯山纬度相近而被誉为“东方的阿尔卑斯”，是我国南方最大、档次最高、设施最完善的高山滑雪游乐区之一。

滑雪场地势平坦而略有坡度，雪质优良，特别适合滑雪运动，雪场进口处有 2500 套世界名牌滑雪器具和几十辆豪华雪地摩托，12 台移动造雪机和进口顶级法国约克地下管网造雪系统，设有 7 条国际标准滑雪道，可容纳 2000 人同时滑雪娱乐。

小贴士

1.滑雪的时候租件防水衣，不然衣服要全部打湿，很容易着凉。另外，一定要带上太阳镜，雪白得会刺得眼睛睁不开。

2.想去阴阳界的朋友们最好上午早点去，下午一般都会起雾，太晚去会看不到东西。

3.上山最好多带点食物，山上的东西不仅贵，种类还比较少。

攻略

1.滑雪场内有一个50万平方米的高山草坪，场上设有草地滑车、草地越野车、草地气垫船等15个高山草原运动娱乐项目。

2.景区设有热气球的游乐项目，可以青云直上一百米，不管俯瞰白雪皑皑的冬景，还是饱览绿草茵茵的夏景都有不同的感受。

攻略

景区交通 游遍景区不犯愁

索道：景区内有索道可到山顶。交通索道为120元（往返程）。

索道运行时间为：9:00～15:30。

住宿 驴友力荐的住宿地

景区四时风景各异，依托秀丽多姿的自然风光兴建了很多度假酒店。

云水湾宾馆：位于西岭镇茶地坪西岭雪山前山，距离西岭雪山滑雪场近半小时车程，宾馆周围青山环抱，云雾缭绕，景色优美。宾馆内的餐饮原料为原生态蔬菜和放养的家禽、家畜。

杜鹃假日酒店：酒店整体为欧式别墅格调设计，装修豪华考究，设施完备先进。餐饮贯通中西，风味独特，色香俱佳。

斯堪的纳度假酒店：由8栋别墅群组成，酒店木屋建筑材料全部来自于瑞典，建筑设计极富欧美风情。别墅客房设计中西合璧，拥有豪华套房、豪华水床房、豪华标准间和豪华单人间等房型，配备高山热矿疗温泉及SPA水疗。

美食 饕餮一族新发现

景区沿途及景区内设有酒店、农家乐、接待站共十余家，均可提供食宿。滑雪场景区的山地度假酒店、枫叶酒店也可提供食宿，费用从几十元到数百元不等。也可在大邑县用餐。

赵连锅：位于大邑东门，主营家常菜，物美价廉，人均消费20元左右。

周鸡婆：位于大邑西桥边，主营家常菜、特色菜、白果炖鸡，人均消费30元左右。

夜不收：位于大邑西门，大双公路左边，主营家常菜，荤豆花是特色菜，人均消费30~50元。

娱乐 城市魅力深体验

南国国际冰雪节：每年的12月底到次年3月中旬西岭雪山都会举行冰雪节，节日期间会推出一系列精彩的活动，如万人堆雪球、滑雪、雪地摩托、雪地攀岩、雪地弹跳投篮、雪地射箭、UTV越野车、冰壶比赛、冰雪射击、雪地高尔夫等。

行程推荐 智慧旅行赛导游

西岭雪山一日游路线：游客中心—景区交通索道—雪山滑雪场—观景索道—日照金山、森林佛光、云海、阴阳界—滑雪场（滑草、溜索、高山滑道、漂流、高空热气球观雪山）。

天台山

蜀都最美的山水画卷

微印象

@书小虫 来到天台山只有短短的几个小时，但却已经感受到了天台所独有的神秘气息，这是一个能勾住你灵魂和脚步的地方。

@七夏 天台山的繁花点缀着绿意，微风摇曳着树木的葱茏，和煦的阳光书画着树影的斑驳，和着清脆的鸟鸣，演绎着别样的艳丽。

门票和开放时间

门票：58元。开放时间：9:00~17:00。

最佳旅游时间

夏季最佳。6至9月山中树木繁茂，水流清澈，是休闲避暑和戏水的最佳时间。

进入景区交通

位置：成都市邛崃市天台镇。

1.班车：成都市区金沙车站、城北客运中心、石羊场中心站乘车至邛崃旅游客运中心，然后从邛崃乘车约50分钟可到达天台山。

2.旅游专线：成都新南门车站每天8:00和9:30有旅游专列可直达天台山景区。

3.自驾车：成都市区沿绕城高速—京昆高速行驶至太平收费站下，然后沿着寿高路—邛芦路行驶约20千米即到。

景点星级

人文★★★★　休闲★★★★　特色★★★★　美丽★★★　浪漫★★★　刺激★

天台山隶属邛崃山脉，为蜀中名山，是国内罕见的箱状向斜山地，整座山大致呈英文字母“N”字形，主峰玉霄峰海拔1812米，状若冲天高台。金龙河自玉霄峰蜿蜒而下，汇聚各条小溪而成，全长90多千米，一路上铺成了瀑布、叠溪、长滩、深潭，水景线密集，诸多景观依水幻化，形成了“九十里长河八百川，九千颗怪石两千峰”的中国山水画长卷。

景区依据地形分为三级台地，分别为一台地：肖家湾—等乐安；二台地：等乐安—小九寨；三台地：正天台以上。景区主要景点有肖家湾、等乐安、小磨坊、小九寨、正天台等30多处。此外，这里还是中国著名的宗教圣地，保留着国内唯一的宗教法庭“和尚衙门”、宗教集市“和尚街”“第一禅林”永乐寺等众多遗址。

1 永乐寺

永乐寺是天台山景区古寺庙中唯一保存下来的寺庙，为南北朝始建，寺前立有一座牌坊，正面镌刻“雪巢名胜”，背面正书“第一禅林”。里面供奉有弥勒佛、观音菩萨和释迦牟尼等多座佛像。

2 山门

天台山山门高 50 米，采用天台山本土红砂石条建成。“天台山景区”三个大字由中国书法十大评委之一的何应辉先生亲笔题写。山门主体造型呈现圆柱形，采用类似水桶、香炉等圆形的寺院之物，是我国古代“天圆地方”思想的体现。

“天台天台，登天之台”，山门台柱外形好像冲天高台，内部空心，设有螺旋形梯子，游客可以从台柱内部拾级而上，体会登天之乐。山门的设计，体现了天台山景区厚重的历史文化底蕴，气势浩大，耐人寻味。

3 等乐安

等乐安原名等乐庵，原本是一座庵堂所在地，是第一、二台地的交界地。这里曾是一片道观的聚集区，民国以后逐渐衰落，大量的道观寺庙遗迹至今都还淹没在茫茫森林之中。

4 银顶峰

银顶峰海拔 1560 米，为景区中部的至高点，是当年红军战斗的军事要塞。沿途景色壮观，绝壁栈道、藤萝

古树、虬根怪石都随处可见。上至顶峰，美景尽收眼底。

点赞 @七宝小爷 天台山上的叶子红了，一片片的山林，成了五彩斑斓的世界，站在高处远望，各种红的、黄的树叶点缀在树丛中，秋意浓郁，分外迷人。

5 小磨坊

小磨坊因保存有古磨坊而得名，磨坊中有一座清朝时期修建的水磨。

水磨，是天台山景区山民磨面的工具，已有2000多年的使用历史。此处水磨在古时是免费使用的公磨，平常无人看守，年头岁尾大家共同修葺，虽然历经历史沧桑，依然使用如初。随着社会的进步发展，景区的人们已不再使用这种古老的磨面工具，但它却向我们展示了景区人民的聪明才智和景区生活的宁静和谐。

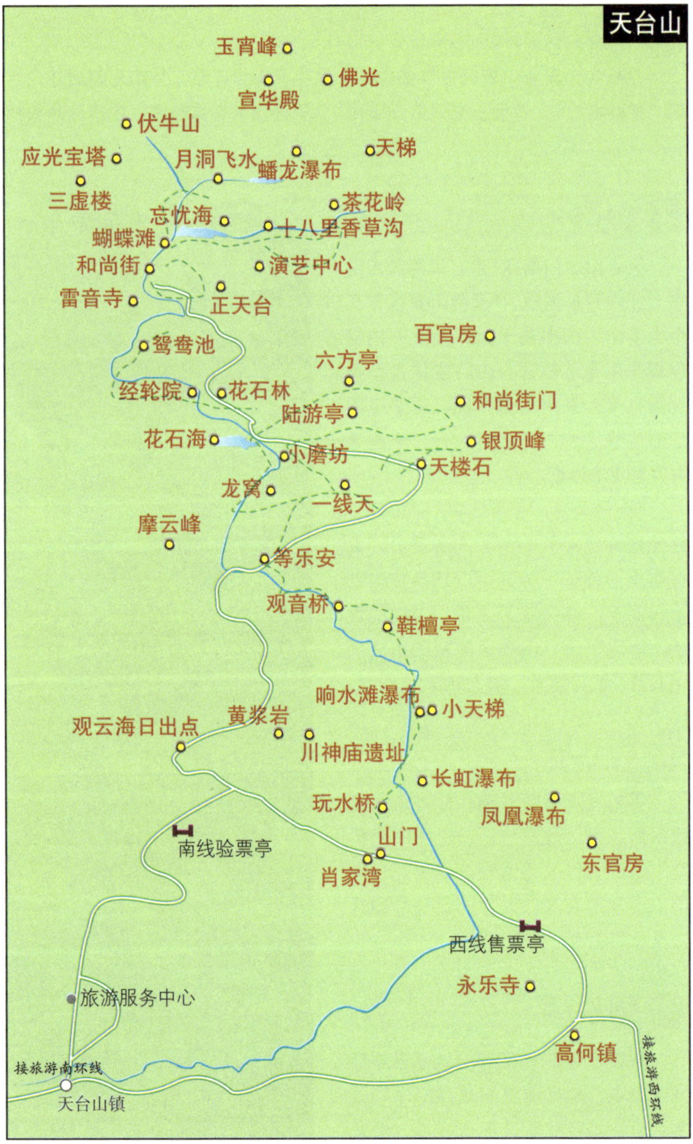

6 小九寨

小九寨有三湾十二里水路，集中了山泉叠溪、浅滩深涧和潭海暗河等水景，是天台山水景的精华。河床由整块平整的红砂岩石构成，是天台山景区丹霞地貌的典型代表。流水时而急速而降，时而缓缓流淌，水中彩鱼游弋，生机勃勃，是天台山景区高山踏水跑、水上拔河等玩水项目的好地方。

小九寨两岸山茶花、山矾花、杜鹃花、野樱花夹岸竞相开放，尤其是山茶花被誉为“成都市八大花卉之一”，每到山茶花节，万株高山野山茶花陆续开放，颜色绚丽夺目，红的、白的，相映成趣。

点赞 @耀子飞飞 在小九寨，我穿上草鞋，在清澈见底的金龙河里展开一场场激烈的水战；或撑起一杆长篙，体验一把小小竹排江中游的水上生活，虽然浑身湿透，但仍旧乐此不疲。

7 秀水三韵

秀水三韵地处第三台级底部，由香草叠溪、月洞飞水和蟠龙瀑布组成，三道不同的水景观或动静交加，绘声绘色；或静中有动，形神兼备；或动中有静，自然天成。

香草叠溪水流如织、涧声清雅。溪中幽兰白芷、奇花异木受水气润泽，弥漫着阵阵芳香，溪涧高低不平，逶迤数里，形成水鸣、树动、草亮、花香的世外桃源景象。月洞飞水指的是峻岭之间自然生出一孔宽 5 米、高 2 米的月洞，河水从中翻滚涌出，深谷沸腾，云气笼罩，飞泉奔泻成 60 多米的“之”形水坡，与松风、飞泉、浪花共同弹奏涤荡尘心的水月交响曲。蟠龙瀑布阔 200 米，高 80 米，当山雨过后，山泉从环状的山崖顺势垂挂而下，环绕近一圈，形成奇特的环状瀑布，极为壮观。

攻略

景区交通 游遍景区不犯愁

天台山景区面积较大，景区中也开通了很多公交车，更好地方便游客观光，经过的站点有游客中心、南线票房、等乐安、大酒店、银顶峰、小磨坊、花石海和小九寨等。如果包车，需要提前预约。

住宿 驴友力荐的住宿地

天台山景区山清水秀，风景天然秀成，很多酒店都是依山而建，周围树木葱郁，山泉缓缓流淌。

戈凤山庄：位于天台山景区山门处。酒店干净整洁，硬件设施完善，服务周到。酒店内有餐厅，菜品以天台山独有的山珍、野菜、干杂山货、老腊肉为特色，厨艺考究，风味独具。

等乐安酒家：位于天台山风景区第二台地等乐安，交通十分便利，是一家集自然景光和品质服务于一体的休闲旅游度假型农家乐。酒家内设置有休闲茶座、麻将机、特色餐饮、篝火晚会、特色烧烤，是商务休闲度假的理想场所。

云景假日酒店：是天台山景区唯一一家五星级酒店，周边毗邻小九寨、雷音寺、金龙洞、香草沟、秀水三韵等景点。酒店设施齐全，装修豪华典雅，融欧式古典园林风格和现代设计风格为一体，别具一格。

美食 饕餮一族新发现

天台山特色美食可概括为“三老一嫩五野”，“三老”即天台山生态老腊肉、老鸭子、老南瓜，“嫩”即天台山传统手磨豆花，“五野”即野蕨菜、野韭菜、野芥菜、野洋合笋、野山药为代表的众多生态野菜。在景区的大小宾馆和天台县的大小餐馆都可以品尝到。

购物 又玩又买嗨翻天

天台山山清水秀，资源丰富，传统特产有茶叶、柑橘、牛肉、黄花菜、青梅等；著名药材有三七、天麻、白术；工艺品有草编、竹编、绣衣，历来为人称道，名扬中外。

娱乐 城市魅力深体验

天台山是内地首家萤火虫生态旅游景区，每年4月至10月都能观赏到萤火虫，静静的夜晚萤火虫在空中浪漫飞舞，观赏的最佳地点是肖家湾、等乐安、经轮院、正天台和和尚街。

天台景区的摩云峰是山中的奇峰之一，以峰高崖险著称。峰顶平缓是古时祭天的场所，现在还能看到古人祭天所点天灯的遗址——天灯岗。现在，每逢春节都要选高处立高杆挂串灯，以祈福保平安，数十里外都可以看见，被誉为“天台一景”。

天台景区雷音寺附近有一棵千年古红豆杉，约需要4个成年人手牵手才能合围，曾被评为“天府树王”。它与“明代照壁”“献贼屠山碑”并称为天台山“山顶三宝”。

行程推荐 智慧旅行赛导游

天台山两日游游览路线：DAY1：山门肖家湾步行到等乐安（沿途可观长虹索桥、长虹瀑布、响水滩瀑布、丹霞奇迹神蜂窟、明代观音桥等），然后沿公路步行到醉石林，看一线天、倒靴石、龙窝，沿金龙河往上抵达小磨坊、珍珠滩。

DAY2：从小磨坊沿金龙河继承上溯，沿途可在花石海泛舟，约1.5小时后抵达正天台（寻觅山顶三宝），过小桥去昆虫博物馆看昆虫标本，出了昆虫馆，乘船进忘忧海对面的十八里香草沟，游玩后返回。

石象湖

以花海闻名的休闲公园

微印象

@芒果CC 蒲江，成都的后花园，7月的石象湖又变成了金黄色的海洋。向阳而开的花，开起来就像阳光般灿烂，颜色里已经充满阳光的味道。

@醉眼惜笑花 石象湖是成都平原的“天然氧吧”，犹如一块翡翠镶嵌在成都平原上。

门票和开放时间

门票：100元。开放时间：8:30~18:00。

最佳旅游时间

春夏秋最佳。3至4月，一年一度的郁金香节是石象湖最重要的节日。6至9月，紫色的马鞭草、粉色的荷花、金灿灿的向日葵竞相绽放，石象湖一片浪漫的景象。9月下旬至10月上旬，百合花节拉开帷幕，百万株荷兰百合花华丽呈现，气韵非凡。

进入景区交通

位置：成都市浦江县蒲江服务区旁边。

1.班车：从新南门旅游集散中心乘坐公共大巴可到达景点。

2.自驾车：成都市区经成雅高速路到石象湖收费站下高速（蒲江服务区）即到。

景点星级

人文★★★★ 休闲★★★★ 特色★★★ 美丽★★ 浪漫★★ 刺激★

石象湖地处成都平原与青藏高原边缘的结合部，因湖区古刹石象寺而得名，相传为三国大将严颜骑象升天之地。石象湖景区群山环抱，碧水清幽，岛屿萦回，景色秀丽。湖内港湾纵横交错，神秘莫测，被誉为“瑶池仙境”。其绝佳的自然生态环境恰似镶嵌在成都平原的一块翡翠。主要景点有花海赛艳、二龙戏珠、七星台和石像寺等。

石象湖

1 花海赛艳

“花海赛艳”是进入景区的第一个重要景观，方圆百亩的草坪上栽种百万株郁金香，黄色、白色、紫色、粉红色、莲藕色，单瓣、复瓣……成片成片的郁金香沿着丘陵蔓延，或含苞欲放，或争奇斗艳，形成一片花的海洋，一个花的王国。

攻略

1.每年的春秋季，这里都会举办盛大的郁金香节和百合花节。3月，亚洲规模最大的郁金香节在此举办，60多种数百万株名贵郁金香竞相绽放，将石象湖装扮成了花的海洋。游客可以乘坐观光热气球，上升到摩天大楼的高度，从高空俯瞰盛大的郁金香花海。此外，还同时举办婚纱摄影、动漫DIY、文艺演出等各种精彩的活动。

2.9月，百合花节拉开帷幕，数百万株荷兰百合花华丽呈现，为锦绣大地织上一件精美花衣。

2 九莲池

九莲池距离景区大门不远，相邻的9个池塘都种有莲花，池子“一”字摆开，梯次排列。池中莲花朵朵，分外耀眼。四周的林木花草将池子映衬得婀娜多姿，鲜艳绚丽。白天九池溢彩，瀑布飞溅；夜晚皓月当空，月映池底。

3 二龙戏珠

石象湖入口处有两座弯曲的山峦，犹如两条巨龙，湖中一小岛如珠宝被两龙争抢相戏，故而得名。这里湖面清水幽幽，水下游鱼成群，水面野鸭翔舞，两岸树藤葱葱，湖光山色令人陶醉。清晨水天一色，雾气游走，如梦里青纱；傍晚晚霞溶入水中，慢慢变成燃烧的火焰，似一位身着艳装的新娘。

4 文相桥

文相桥横跨在石象湖的南北两岸。桥长 66 米，由很粗的钢缆绳架成，坚固美观，气势恢宏，恰似玉龙卧波，耀人眼目。桥北湖滨建有弯月形的古琴台，台分三级，高 30 多米，与文相桥连成一气，交相辉映，独具风姿。人在桥与台上，可从不同角度观赏湖光山色。

链接 文相桥的由来

魏了翁，南宋蒲江人，著名思想家、教育家、理学家。他从30岁起，便两次回到蒲江，前后从事了7年的书院教育。在教学的同时，为了让孩童不因涨水耽误读书，了翁便筹资在山间架起木桥，后人将这座桥取名“文相桥”，书童们弹琴的地方叫“古琴台”。

5 七星台

七星台位于湖边，为 10 米高左右的木质露台，台分七级，台上建一亭子。七棵青松屹立在台中，仿佛七颗星把七星台衬托得雅致而庄重。整个台子依山傍水，掩藏在绿荫之下，倒映于碧水之中，令人顿感境物交融，怡然和谐。

6 石象寺

石象寺与七星台隔湖相望，距今已 1000 多年，寺前立有一座大象铜雕，气势威严，栩栩如生，相传是蜀中名将严颜征战云南时曾见到大象，后隐居在此。后人为了纪念他建此寺庙。寺中建有天王殿、大雄宝殿和严颜殿等建筑，香火终年旺盛。

7 古象山书院

古象山书院位于古象山南面最高处，海拔 632 米，占地约 700 平方米，建筑面积达 250 平方米，这里是“儒圣兴学”的主要景观。南宋著名的理学家、教育家魏了翁在此接受了启蒙教育。如今这里经常举办各种书画展览，古戏台会上演地方社戏，是远近闻名的文化交流中心。

七星台位于古象山书院的东面，相传为古人观天象之处。如今白天登台俯视，锦绣原野尽收眼底；晚上登台仰望，满天星斗，无遮无碍。与象山书院毗连的有一座文靖楼，占地 650 多平方米，是为纪念魏了翁而修建的。这里山清水秀，空气清新，登楼远望，群山莽莽，林海茫茫，层峦叠嶂，视野开阔。

点赞 @橙子妹 登上古象山书院，群山莽莽，层山叠嶂，气象万千；闲坐古象山书院，文墨书香，轻音漫野，清茶袅袅。如此美景令人心旷神怡，浮想联翩！

攻略

景区交通 游遍景区不犯愁

石象湖景区内部配备有电动观光车，观光线路：象山南站—象山北站，途经花海赛艳、九莲池、七星台等景点。

住宿 驴友力荐的住宿地

石象湖景区风景优美，附近酒店也以环境优美的突出特点而受人喜爱。

象泉山庄：位于石象湖景区内，是一家四星酒店，拥有19栋独立别墅，共计95间（套）客房。房间内装修格调高雅，设施完备。庭院式的设计和温馨的装修风格，给人如家般的体验。

鹤都家园酒店：位于蒲江县城鹤山镇顺城路，距成都仅30分钟车程，紧邻蒲江客运中心站和成雅高速公路，驱车5分钟就能到达风景优美的石象湖等景区。酒店环境优美、空气清新，周边树木环绕，让人心旷神怡。

顺苑山庄：位于蒲江县西来蒲西路97号。山庄设施按4星级乡村酒店标准修建，建筑以川西民居为主，辅以庭院相映。山庄集休闲、餐饮、娱乐、住宿于一体，是赏花、品果、棋牌娱乐、体验乡村美食的理想之地。

美食 饕餮一族新发现

位于景区的核心地带的文靖楼共两层，一层为餐厅，二层为茶楼，既能品尝到种类多样的川菜，也可在闲暇时坐在临窗的座位上，一边品茶，一边赏湖景。

景区内现有六合门茶楼、象山古镇茶楼、文靖楼茶楼、七星台茶楼、古琴台茶楼5处，均沿游览线路分布，主要提供名茶“蒲江雀舌”。文靖楼茶楼、七星台茶楼及象山古镇茶楼还可提供麻将及其他餐饮服务。

景区内还有一些特色的餐馆可以品尝美食，在豆花鱼庄可以吃到豆花鱼，还有一些家常的川菜。

娱乐 城市魅力深体验

石象湖景区湖水广布，游船极为方便，观光线路：七星台码头—古琴台码头，途经下马墩、文靖楼后，经过文相桥到达古琴台。可观看到绝壁上一尊巨大的浮雕佛像，造型生动，神态祥和。

第5章 蓉城古镇

黄龙溪古镇
洛带古镇
安仁古镇
新场古镇
平乐古镇
街子古镇

成都深度游
Follow Me
慢旅行的倡导者

黄龙溪古镇

远离喧嚣的古朴小镇

微印象

@陈QQ 黄龙溪古镇很美丽，有点江南小镇的感觉。整个古镇建筑群庞大，游人置身其中，犹如穿越！

@少年记忆 非常美的一个小镇，龙颈飞瀑的水贯穿整个小镇，垂柳依依，古老的石板路和明清的瓦楞，让人浮想联翩。

门票和开放时间

门票：免费开放。

开放时间：全天开放。

最佳旅游时间

到黄龙溪古镇游玩的最佳游玩时间是在春末夏初时节，此时气候温和，可以玩儿水。

进入景区交通

位置：成都市双流区黄龙溪镇。

地铁：市区乘坐地铁1号线至广福站下车，再转乘546路公交至黄龙溪廊桥站下车。

景点星级

特色★★★★　人文★★★★　美丽★★★★　休闲★★★　浪漫★★★　刺激★★

黄龙溪古镇全镇由一湖、两河、六寺、七街、九巷组成，古街、古巷、古树、古庙、古堤堰、古民居、古码头、古战场、古岩墓和古衙门，共同构成了独具特色的黄龙古镇。

古镇内明清时代的建筑比比皆是，青石板铺就的街面、木柱青瓦的楼阁房舍、镂刻精美的栏杆窗棂，无不给人以古朴宁静的感受。走过一条街，又见一道巷，脚下光溜溜的青石路、乌黑发亮的门板、古色古香的招牌，透着浓浓古意。

小贴士

1.周末和节假日时镇上比较拥挤，建议不要选择周末去。

2.黄龙溪古镇夏季多雨，外出活动一定要带雨具（特别是夏季，多暴雨），背着很重的背包撑一把伞在林中或山地行走会很不方便，所以最好带件雨衣出行。

3.可凭身份证、居住证等有效证件实名申办免费租赁诚信卡，凭诚信卡2小时内免费使用公共自行车。

古镇上仅200多米的黄龙正街分别建有“古龙寺”“潮音寺”“镇江寺”，称为“一街三寺庙”；清末民国初年华阳、彭山、仁寿三县在此共设一衙门，称之为“三县一衙门”。“一街三寺庙，三县一衙门”也成为古镇最著名最奇特的文化遗存。镇内还有六棵树龄均在千年以上的大榕树，枝繁叶茂，遮天蔽日，雄浑厚重，给古镇增添了许多灵气。

链接 古镇名称由来

黄龙溪古镇称赤水，《水经注》载：“武阳有赤水其下注江。建安二十四年，有黄龙见此水，九日方去。”又梁虞《荔鼎录》记：“蜀章武二年，黄龙见武阳之水九日，铸一鼎，象龙形沉水中。”千古一溪，因此得名“黄龙溪”。

1 吊脚楼

古镇的主要街道建于明末清初，包括正街、新街、横街、上河街、下河街在内的七条街都是由石板铺就的。

街道两旁是临河而立的飞檐翘角杆栏式吊脚楼，它们大多建于明末清初，建筑属二层楼全木结构，错落有致，屋柱用大杉木凿眼，柱与柱之间用大小不一的杉木斜穿直套连在一起，尽管不用一个铁钉也十分坚固。房院落之间廊庑穿插、厅堂轩昂，体现传统古建筑的鲜明特点。民居的门前、屋顶等细部尤为精彩，木雕、砖雕、绘画等工艺技术精湛，造型十分生动。

1983 年，由邬倩倩主演的电影《卓文君与司马相如》在黄龙溪取景，吊脚楼是影片中最美的风景之一。

黄龙溪古镇

攻略

1.可以骑着单车在古镇里可以随意游览，看看这里的古寺庙、吊脚楼、古崖墓、上古牌坊等。骑车累了，可以走进一间茶馆，喝一杯幽香的浓茶，感受一下成都人的悠闲。

2.镇上的唐家烧房是清末至民国年间一家著名的酿酒作坊。烧房呈“前店后家”传统格局。在这里可以买到作坊酿制的新酒，还可以观摩老式酿酒作坊的各种设施，了解酿酒的全过程。

3.水流环镇绕过，来到这里游船是不可少的游乐项目，主要有快艇、快船和慢船三种。船上船工一律马甲宽裤的打扮，乘游船随水漂流，可一边品尝河鲜美味，一边观赏江河两岸风景。

点赞 @青涩往事 在江边喝喝茶，古镇里吃吃小吃，时间一下子就打发了。看着江边那些打牌打麻将的成都人，忽然一下子就明白了安逸这个词的意义。

2 古龙寺

古龙寺是黄龙溪古镇修建最早的一座寺，位于古镇正街南首，坐南向北。古龙寺以古寺庙、古戏台、古榕树“三古”有机结合成为一大特色，寺中兴建有弥勒殿、观音堂和大雄宝殿等建筑，香火终年旺盛。

寺内还建有一座“三县衙门”，因为历史上黄龙溪处于华阳县（今双流县华阳镇）、彭山县、仁寿县的“金三角”地带，是现今保存中全国唯一的三县衙门。衙门内放着许多古代公堂用具，如狗头铡刀、刑具、官服等，还有《芙蓉镇》《卓文君与司马相如》等影视剧在这里选景拍摄的图片展示。

古戏台占地 103 平方米，高 8 米，建于清初，距今已有三百多年历史，是黄龙溪九个戏台仅存的一个。戏台南北各有一棵古榕树，已有 900 多年历史。两树树冠一度遮蔽了整个院子。

攻略

1.古镇内的影视基地曾经拍摄过多部影片，如今游客可以报名充当影视作品里的演员，感受多部影视剧的拍摄经历，还能拍一些古装照片作为纪念。

2.古龙寺内北边榕树干分岔处中央，有约一座二尺见方的小庙，供奉“黄桷大仙之神位”，南边古榕树，盘根错节，严密包裹着一座小土地庙。这两棵古树，庙骑树、树裹庙，堪称“天下一绝”，值得一看。

3 镇江寺

镇江寺位于正街最北端，是当时船帮为祭祀镇江将军杨泗而修建的庙宇，现在已经变成了一座佛教寺庙，入口处是弥勒佛和四大金刚，大殿内则供奉着“西方三圣 ”。

4 潮音寺

潮音寺坐落在正街当中，古时上元会、中元会、下元会都在此举行供天道场，祈祷风调雨顺。现在供奉观世音大士和弥勒佛。寺内有三块刻于清光绪时期的石碑，讲述了潮音寺的发展历史。

攻略

古镇于除夕夜到元宵节都会举办盛大的庙会，届时五彩斑斓的彩灯会竞相绽放，光亮夺目，如火龙灯、狮灯、牛儿灯、幺妹儿灯等。此外，还能欣赏到包括滑稽小丑、死亡之轮、高空飞人等各种精彩的马戏表演。

5 大佛寺

大佛寺原建于明代，原先在旁边陡峭的崖壁上凿刻了一座大佛，高二丈余，史称为“蜀中第二”，后被毁。

如今修复的坐式大佛高 60 米，面积 300 平方米，由汉白玉雕成，形态与乐山大佛相似，庄严端坐，面向河水，双手置于膝上，两眼平视远方。大佛像内为空心，陈列有佛教艺术品。大佛左右崖壁上凿有阿难、迦叶两个弟子立像。

6 上河衢

上河衢田园水村内所有建筑均临水而建，以川西民居风格为基调，延续了黄龙溪一贯以来的浓郁明清风情。

人群熙熙攘攘，远处宽阔的河道，近处吱吱作响的水车，踩水戏耍的游客，无一不显示出这里作为川西千年水码头的那份悠远和厚重。17 栋明清风格的临水建筑静静地偎依着河水。“千里莺啼绿映红，水村山郭酒旗风”。在上河衢，游客可以观赏到“江楼钟鼓”“月上东山”“风回水转”“花影层台”等魅力“上河十景”。

攻略

住宿 驴友力荐的住宿地

古镇内有很多旅馆，古色古香，住临江的吊脚楼很有诗情画意，双人标准间价格60元至100元不等，卫生条件尚可。

运来客栈：位于镇龙街，四周交通便利，地段优越。这是一家以民宿为主题的客栈，客房干净整洁，全部采用新中式装修风格，简单而富有小情调。

天馨酒店：位于古镇黄龙溪景区停车场，是一家集餐饮、住宿、休闲为一体的古镇客栈，毗邻古龙寺。酒店提供特色住宿、特色餐饮，温馨别致，纯中式乡村酒店将带给您不一样的舒适体验。

川音阁客栈：位于黄龙溪镇下河街，独特的花台阁楼，令人流连忘返。川音阁客栈教授小提琴、钢琴、古典吉他演奏知识。

美食 饕餮一族新发现

古镇的美食远近闻名，种类多种多样。诸如牛皮糖、芝麻糕、丁丁糖、猫猫鱼、臭豆腐、肥肠粉、黄辣丁等，最有名的招牌小吃是“一根面”，它的特色在于“一碗只有一根面，一锅也是一根面。一根面要多长有多长”。面条滑爽，柔韧弹牙，越嚼越有味道。

此外，古镇传统的石磨豆腐、黄辣丁、酥皮肘子、各种江鱼、牧马山地瓜、桂花芝麻糕、土制豆豉等，都是不可不尝的特色美食。

娱乐 城市魅力深体验

火龙节：古镇传统的民俗项目，于每年正月晚间举行，长长的龙嘴能够喷射炽热的火焰，周围的人可以用烟花喷烧舞动的龙身和舞龙的艺人，烟火喷射得越是密集和明艳，舞龙艺人的舞蹈就越会精神抖擞、兴致盎然，飞溅的火星在浓密的烟雾中如同翩翩起舞。

另外，去黄龙大剧院观看大型情景旅游剧《水龙吟》也是平日里去古镇消遣的好方式。古镇上无处不在的茶馆、茶社，将成都的休闲文化进行到底。在茶馆，一本闲书，一杯清茶，过一个休闲的午后时光。

行程推荐 智慧旅行赛导游

一日游路线：黄龙溪古镇正街—新街—横街—上河街—下河街—复兴街—镇江寺—潮音寺—古龙寺—乘船游览黄龙溪河上风光—大佛寺。

洛带古镇

天下客家第一镇

微印象

@南国女侠罗小扬 洛带古镇离市区1小时车程，古镇建筑保存完好，沿街商铺多为乡土气息，一个古镇逛完一个小时不到，地方特色小吃很齐全。

@冷眼看烟花 如果问夏季哪里能寻到安静，踏上青石板小路，品味洛带古镇一定会是个不错的选择。

门票和开放时间

门票：免费开放。开放时间：全天开放。

最佳旅游时间

游览洛带古镇7月最佳。每年7月26、27日洛带古镇上会举行客家最重要而独特的节日——水龙节。

进入景区交通

位置：成都市龙泉驿区洛带镇。

地铁：市区乘坐地铁2号线至龙泉驿站下车，再转乘1022路公交至成环路玉带街口站下车。

景点星级

人文★★★★　休闲★★★　特色★★★　美丽★★　浪漫★★　刺激★

洛带古镇是中国西部最大的也是唯一的客家古镇，明末清初大规模的“湖广填四川”移民运动造就了这个闻名全国的客家古镇，有“天下客家第一镇”的美誉。

镇内老街纵横，呈“一街七巷子”格局，石板镶嵌；街道依次分布着古朴的客家民居。镇内以包括广东会馆、江西会馆在内的四大会馆和洛带公园最为出名。此外，延续百年的传统客家民俗如火龙节和水龙节等让古镇焕发亮丽的光彩。

1 江西会馆（万寿宫）

江西会馆又名万寿宫，位于古镇中街，坐北向南，建于清乾隆十八年（1753 年），主体建筑由大戏台、民居府、牌坊、前中后三殿及一个小戏台构成，会馆的布局小巧玲珑，雕梁画栋的回廊、屏风、戏台等建筑让人叹为观止。

点赞 @石硬沙苑 洛带古镇很热闹，纷纷杂杂的商业中矗立着依旧大气的江西会馆，述说着这里曾经的繁华和重要。

2 广东会馆

广东会馆位于古镇的上街，始建于清乾隆十一年（公元 1746 年），被誉为“国内现存最完好、规模最宏大的会馆之一”。

会馆主体建筑由戏台、乐楼、耳楼及前中后殿组成，呈中轴线对称排列，院落古色古香，戏台雕梁画栋，黄色的琉璃瓦古朴庄重，可以想见当年这里的盛况。会馆中堂悬挂着一幅古香古色的对联，上书“叭叶子烟品西蜀土味，摆客家话温中原古音”，显示出一种文化上的源远流长。

点赞

@蓝雪人 洛带古镇的广东会馆，让人感受到那里过去的特色。玉带湖划船虽说没有乘风破浪的感觉但也能感觉到绿水碧波的清幽。

3 洛带公园

洛带公园占地 4 万平方米，是四川省最早的公署之一。

公园内绿树成荫，花草繁盛，亭榭廊柱，木刻楹联，古风浓郁。最具特色的是园内的“女子茶社”，它是过去客家妇女集中休闲品茗聊天的地方。公园的建筑风格属典型明清建筑风格，各个部件均雕刻了各式龙凤花鸟戏剧人物，造型逼真，精工细雕，十分考究，具有极高的艺术欣赏价值。

4 燃灯寺

燃灯寺为成都东郊一大名寺，始建于隋朝，距今已 1400 多年，寺内供奉一尊燃灯大佛，其身 108 个穴位处各铸有一窝状大孔，孔内置有灯芯，加油点燃时，浑身通亮。大佛旁边还悬有一口明宣德钟，造型古朴、音质洪亮。

燃灯寺内保存有大量清代碑刻，主要记载燃灯寺的历史沿革及佛经，字体有的隽秀工整，有的刚劲有力。

点赞 @战神春熙 同好友一起叩拜了千年古刹燃灯寺，人生不会只若初见，但不会阻拦在路上的人发现美的眼睛不断地去相逢美丽新世界。

5 客家博物馆

客家博物馆为全国唯一综合性客家博物馆，集中展示了四川客家人入川、安居和创业的历程及成就，反映出客家人坚韧、勤奋的精神。馆内陈列的文物多为龙泉驿区出土历代铜器、陶器、铁器、石刻、陶俑、铁币及燃灯寺部分文物。

6 巫氏大夫第

巫氏大夫第始建于清朝，是洛带古镇现存民居中建筑最早、保存最完整的客家民居。

该民居最大特色在于它的大小复式四合院错落有致，天井复天井，小天井连着大天井，大院落连着小院落，民居特色甚浓，雕饰精美无比，有木雕的各种撑弓、窗花、卷棚、斗拱、回廊，还有形态逼真的花鸟虫鱼。

点赞 @每一刻都是崭新的 洛带巫氏大夫第在洛带古镇一条小巷子里，老四合院的建筑，坐在吱吱作响的老竹椅上，捧一杯热茶，安逸。

攻略

住宿 驴友力荐的住宿地

洛带镇旅游设施发展完善，住宿非常方便。

博瑞花园酒店：位于龙泉驿区阳光城阳光大道11号，是一家世外桃源般的四星级酒店，环境清幽，绿草茵茵。房间的布置朴实而简洁，灯光的处理上则都是暖色调的黄光，非常舒适。

九点艺库酒店：处于洛带古镇艺术休闲文化新区的核心地段，具有浓厚的蜀风川韵，酒店设计、装修，处处彰显后现代文化氛围，是一家极具艺术性、现代感、个性化的文化主题酒店。

厚斋友竹民宿：环境清幽，门前清水潺潺，鸟语花香，步行10分钟左右即可到洛带古镇。民宿整体采用中国传统四合院的建筑形式，设计上融合东西方特色，在空间与室内设计上进行艺术再创造，集宅院、民宿、法餐、茶道、咖啡、红酒、瓷器、书画、舞蹈、文创等多种元素于一体，形成了一个独具特色的艺术空间。客栈老板有十年海外生活经历，擅长西餐烹饪，尤其是法式牛排和自家红酒公司珍藏的红酒，在中式庭院里，暗藏独特西餐风味。

美食 饕餮一族新发现

洛带镇有很多特色美食，比较有名的有九斗碗、酿豆腐、盐焗鸡、毛麻花、客家“伤心”凉粉、烟熏油烫鹅、妈妈凉面、天鹅蛋等。每道菜味道都很特别，体现了不同区域的特色。

供销社饭店：位于洛带古镇下街33号。饭店环境清幽，20世纪60年代的装修风格。油烫烟熏鹅很有口碑，咸香适口，烟熏味与卤味结合得很好。

客家“伤心凉粉”：位于洛带古镇上街53号，为当地人采用原始的传统手工艺，将豌豆磨成浆、糍制成黄亮亮、柔嫩而化渣的凉粉。因调制时放了很多辣椒和花椒，怕辣的人吃起来会流眼泪，好像伤心的样子。

新民饭店：位于洛带古镇上街155号，是一家主打各种特色菜品的饭店，其中野山菌全席和客家酒楼的水酥、面片汤等特色菜远近闻名。尤其是夏季，人工无法栽培的野山菌（当地人称“鸡腿菇”）出山之际，慕名前往尝鲜的食客更是络绎不绝。

娱乐 城市魅力深体验

水龙节：每年7月26、27日古镇上会举行客家最重要而独特的节日。节日期间，80名男女舞动四条水龙冲入五凤楼广场，设在广场四周的水龙头及停放在周围的水车开始喷射水柱，水花四溅，人声鼎沸。

火龙节：洛带镇著名的传统节目，以“刘家龙”最负盛名，其名得于参加舞龙的都是江西籍客家人中的刘氏家族人，他们在洛带镇已经居住了14代300余年之久。舞龙时，一边是赤裸上身，以桐油或清油擦抹胸背，腰下仅穿一条紧扎裤脚的短裤的舞龙者；另一边是预备了大量焰火鞭炮，随时准备袭击舞龙人的街镇居民和游客。双方在龙舞与焰火中你来我往，煞是壮观。

古镇老街和江西会馆舞台每天都有客家风情歌舞，广东会馆每天有客家民乐表演。好客的客家姑娘头戴蓝底白花头巾，身着客家服饰，脚穿绣花鞋，扭起了客家秧歌。

鸡公车：又名叽咕车，一种交通运输工具。结构简单，形似鸡头，前装木制单轮，轮缘裹以铁皮或硬质橡胶圈。轮上部装有凸形护轮板，可坐人载物。有燕尾形手柄，车夫以两手持之前推。在洛带古镇，鸡公车有两种：一种为载人鸡公车又叫“矮车”；另一种为载货鸡公车又叫“高车”。坐过的士，没坐过历代千年的“鸡的士”，到洛带古镇一定要坐坐。

安仁古镇

中国博物馆小镇

微印象

@大头 来成都最大的收获是去了安仁古镇。它静静地在那里，守着那么多公馆和房屋，不张扬，不自傲，见证着历史的发展。

@律师向前看 小镇很古朴，建筑很有川西民俗风格。镇上的人们生活得也很舒适，喝喝茶，打打牌，悠闲自得！

门票和开放时间

门票：刘氏庄园博物馆门票40元，建川博物馆聚落票100元（三日有效）。

开放时间：刘氏庄园博物馆9:00~16:00，建川博物馆聚落9:00~17:30。

最佳旅游时间

川西的气候特征决定了夏季不适合去安仁古镇游玩，此时天气较为潮湿闷热。春季和秋季是安仁古镇的最佳游玩季节。

进入景区交通

位置：成都市大邑县迎宾路。

1.自驾车：从成都市区沿着成温邛高速行驶至大邑县城下高速，然后沿着XA0751行驶约9千米即到安仁古镇，路上均有明显的路标。或者沿着成温邛高速公路至崇州市，再经崇州市的隆兴镇、桤泉镇，行驶约16千米至安仁古镇。

2.班车：成都金沙车站和石羊场汽车站内有车直达安仁镇，约40分钟一班，车程约1小时。

景点星级

人文★★★★　特色★★★　休闲★★★　美丽★★★　浪漫★★　刺激★

安仁古镇，地名“取仁者安仁之意”而名之。古镇始建于唐朝，现存的旧式街坊建筑多建于清末民初时期，尤以民国年间刘氏家族鼎盛时期的建筑最多，风格中西式样结合，庄重、典雅、大方的各式院落，造就了安仁镇特殊的建筑风貌，号称“川西建筑文化精品”。

古镇的宁静十分让人心醉，在刘氏家族兴建的宅院、商街、学校、茶楼里，一群人或居、或商、或闲逛、或茶饮、或吟读，他们的身边、脚下，凝眸处、落座地，到处都是20世纪30年代的雕梁画栋、青砖重瓦，每座公馆、每座建筑的背后都是一个精彩的故事，每一个角落都隐藏着历史不可言说的神秘。

1 刘氏庄园博物馆

刘氏庄园博物馆又称“刘氏庄园”，是新中国成立前大地主刘文彩的宅园，修建于 1928—1942 年。庄园整个占地总面积 7 万余平方米，房屋 350 余间，分为南北相望的两大建筑群，南部俗称“老公馆”，北部俗称“新公馆”。

老公馆为当年刘文彩一家居住的地方，公馆建筑为高墙深院封闭式，它融住宅和园林为一体。其主中轴线上正门朝北，堂屋朝东西，分为大厅、客厅、接待室、账房、雇工院、小姐楼、收租院、粮仓、水牢等部分。建筑十分奢华，雕梁画栋。

新公馆又名“川西民俗馆”，距老公馆 300 米。整个建筑几乎呈正方形，由面积相等、布局大体一致的两个部分组成，既互为联系，又独立成章。这里共收集展示了川西民俗文化风情的实物近 2000 件，第一个院子主要展览川西婚俗仪式，第二个院子主要展览川西人的生产用品及工具，第三个院子主要是展览川西民风民俗及土特产品等。

攻略

1.老公馆内收藏了《收租院》泥塑，通过塑造114个真人大小的泥塑群像，生动地表现了送租、交租、验租、逼租、抗租的连续性形象，深刻地揭示了封建地主阶级残酷剥削农民的真实情景。

2.庄园建筑群之间的道路两边有店铺、饭馆、茶馆等，为游人提供方便；老宅门口还有自行车可供出租；此外，环绕建筑群落还有电瓶游览车等。

3.距离老公馆约200米处为一条仿古的街道——安惠里，在这里，茶馆、酒肆都是按照旧时原貌而设置，清一色仿古家具古朴厚重，茶馆内还上演川剧、曲艺以及评书等节目。

点赞

@追日者 整个庄园高墙耸立，气派华丽，雕刻精美，就像一页神秘而遥远的历史，让人领略到权威、尊贵、奢靡、专横和残暴。

@无敌小木木 刘氏庄园很大，走在里面像走迷宫似的。建筑都是从清代保留下来的古建筑，很有韵味。泥塑部分挺有意思，再现了大斗进小斗出的现象，值得一去。

2 民国风情老街

民国风情老街主要集中在裕民街、树人街和红星街上，这里是著名的公馆区。

1938—1944 年，刘氏子弟共建成共有公馆 40 余处，保存比较完好的有 20 多处。部分公馆形成了中西合璧的建筑风格，是古镇的一道靓丽的风景线。高大华丽的公馆门楼、风火墙及洋楼等公共建筑又给古镇增加了美轮美奂的景观效果，使古镇空间序列更加生动独特。比较有名的有刘湘公馆、刘元瑄公馆、乐自能公馆和同庆茶楼等。

链接 小独院

古镇天福街84号有个小独院，这个小建筑修建于1937年，建筑面积约有200平方米，其主体建筑系单檐悬山顶砖木结构，一楼一底二层楼房，楼房栏杆采用“美女椅”（又称“飞来椅”）。这种风格的建筑并非川西特产，系由江浙一带嫁接而来，其主要目的是让主人家的闺女可以看到外面的风景，又不必到处游逛，以免败坏了女德。

3 建川博物馆聚落

建川博物馆聚落位于安仁镇南边，由商人樊建川筹资修建的，占地约 33 万平方米，由 25 个分馆组成，一共收藏了 200 万件藏品。是目前国内民间建设规模和展览面积最大、收藏内容最丰富的民间博物馆。博物馆主要由抗战文物馆系列、红色年代博物馆系列、民俗博物馆系列、“5 · 12”汶川大地震博物馆等组成。

抗战文物馆系列建有中流砥柱馆、正面战场馆、飞虎奇兵馆、众志成城馆、汉奸丑态馆等分馆，以及中国老兵手印广场和中国壮士群雕广场。红色年代博物馆系列设有瓷器陈列馆、生活用品陈列馆、宣传画陈列馆、票证陈列馆、镜鉴陈列馆、音像品陈列馆等分馆。

民俗博物馆系列设有老公馆家具馆、百年老照片陈列馆、喜文化陈列馆、精美笔筒陈列馆、老烟具赌具馆、三寸金莲文物馆、老七十二行馆等分馆。“5 · 12”汶川大地震博物馆分为震撼 5 · 12—6 · 12 日记、地震美术作品馆、地震科普馆等，通过图片和救援实物，再现了抗震救灾过程中一幕幕

感人至深的场景。

国防兵器馆是除北京之外，收藏枪炮数量最多、品种最齐的国防教育基地。整个国防兵器馆集中展现了300余支百年经典枪械、数十门现代火炮以及反坦克导弹、空对空导弹等。

攻略

1.博物馆前面的广场上立有一排名为“中国壮士”群体雕塑，所有壮士造像阵式都放置在一个“V字”形下沉式凹槽的空间环境中，凹槽两侧壁为红色花岗石影雕，造型非常有感染力。

2.古镇特产十分丰富，比较扬名的有唐场豆腐乳、面人黄、草编产品、木雕和古玩等，可以买些带回去。

点赞 @火花 建川博物馆聚落只能用“震撼”一词形容，镜面馆很有意思，抗战系列的馆区也很有历史意义。个人感觉很值得一去，一定要留出足够的时间。

攻略

景区交通 游遍景区不犯愁

❶ 有轨电车：2011年初镇上建设了西南第一条有轨电车，电车以游客中心为起点站，沿途经过民国风情街区、刘湘公馆、刘文辉公馆、刘氏庄园、有轨电车总站几个主要旅游景观节点，运营线路1.8千米，运营时间30分钟，单程20元。

❷ 人力三轮：镇上还有人力三轮车环绕古镇，也可乘坐三轮车在车夫的引导下游览古镇风景。

住宿 驴友力荐的住宿地

古镇上住宿比较方便，许多小客栈配置和清洁度都不错，费用几十元至一百多元不等。古镇上也有档次较高的酒店和纯朴自然的农家乐。

金桂公馆：位于安仁古镇金桂街26号，是一家红色年代主题生活酒店。酒店内外陈设装饰全是20世纪六七十年代的文物，独具特色又极具观赏价值。酒店客房、餐厅、各类包间，均饰以毛主席语录、奖状、报纸。餐厅特色菜肴，也充分体现出六七十年代的时代特征，置身其间，犹如回到那个激情燃烧的岁月。电话：028-88317000。

五星农家乐：坐落于安仁古镇迎宾路二段433号，是一家集住宿、餐饮、棋牌、品茗、停车为一体的旅游休闲所。院内树木葱郁，花香四溢。从楼上可以俯视古镇及田园风光，眺望西岭千秋雪的美景。电话：15828627135。

美食 饕餮一族新发现

古镇拥有很多特色美食，最著名的是这里的泡菜，不仅有泡鸡爪、泡猪耳朵、泡大白菜等，而且还有泡香蕉、泡苹果、泡鱼等新品种。吃起来，一半水果味、一半泡菜味，非常劲道。

此外，这里的特色菜肴有文彩排骨、文清鸭蹼、庄园鱼丝、石磨豆花等。推荐张记古镇老酒家（安仁古镇吉祥街）、冯记古镇饭店（安仁古镇吉祥街）。

购物 又玩又买嗨翻天

唐场豆腐乳：早在清咸丰年间古镇特产“唐场豆腐乳”就被誉为“四川一绝”。豆腐乳采用成都平原唐场镇“巷古井”之优质泉水，利用祖传秘方，结合现代酿造技术精制而成，是一种纯天然的绿色环保食品。该食品具有陈香细嫩、入口化渣、增强食欲等特点。

野人狼酒：四川老作坊酒厂与刘氏庄园毗邻，酿出的“野人狼”酒畅销各地。“野人狼”酒采用传统工艺，融合现代技术，风味独特，有浓香型的特点，略有酱香味的感觉，是集川酒的醇、香、绵、柔为一体的酒中极品。

娱乐 城市魅力深体验

每年春节，安仁古镇举办包括同庆食府包粽子比赛、明轩书栈看展览、抢绣球龙年祈福、坐花轿体验婚俗等具有地方特色和历史文化气息的活动。游客可以体验抛绣球、坐花轿、拜天地、入洞房、吃九碗等传统婚俗内容。

行程推荐 智慧旅行赛导游

安仁古镇一日游：安仁古镇—刘氏庄园博物馆—历史文化街区—建川博物馆聚落（抗日战争观、红色年代馆、民俗馆、国防兵器馆、地震馆等）—中国抗日壮士（1931—1945）群雕广场—抗战老兵手模广场。

新场古镇

最后的川西坝子

微印象

@小why_Annie 新场古镇游客少，当地人也非常热情，还主动帮我们拍照、指路，民风很纯朴。

@ 邓乃斌 成都大邑县新场古镇是一个非常不错的休闲写生地，我两次到此写生，感觉十分惬意。

门票和开放时间

门票：免费开放。开放时间：全天开放。

最佳旅游时间

新场一年一度的新春佳节，热闹异常。从正月初五起到正月十五止，有各种形式的花灯，如狮灯、竿灯、高脚灯及幺妹灯等群众性的耍灯活动，丰富多彩。

进入景区交通

位置：成都市大邑县新场镇。

1.公交车：从金沙公交站出发，赶金沙到大邑直达车至大邑客运中心乘210路公交至川西坝子站下车。

2.自驾车：从成都出发，经成温邛高速公路到王泗新场出口下，顺新场方向前进3.5千米即到新场古镇。

景点星级

人文★★★★　休闲★★★　特色★★★　美丽★★　浪漫★★　刺激★

新场古镇位于成都平原西部，是大邑西部最早的建制镇。古镇始建于东汉时期，兴起于明朝嘉靖年间，是茶马古道上历史文化名镇之一，有着丰富多彩民俗文化和农耕文化。

新场古镇是四川现存规模最大、保存最为完好的古镇。古镇拥有古街道七条，分别为下正街、上正街、太平正街、太平街、太平横街、香市街、河坝街；还有六条巷子，分别为水巷子、张翼庙巷、谢家巷、猫市巷、桶市巷、上字库巷，布局二纵二横井字型，现存古建筑面积达数十万平方米，房屋大都为清、民国时期建筑。

1 三寸金莲馆与江湖帮派馆

新场古镇的入口处有两座古朴的碉楼，是新场镇头堰村现存古碉楼的复制品，左右各一座，矗立在古镇入口，气势非凡。碉楼三层格局，兼具欧洲、川西两种截然不同风格。

三寸金莲馆与江湖帮派馆入驻碉楼，成为两座小型主题民俗博物馆。三寸金莲博物馆记录了中国从宋代开始，封建社会 1000 多年的女子缠足史，展出了弓鞋及制鞋工具实物 80 余件。在江湖帮派馆里，大量图文资料详细介绍了袍哥组织、青帮（又名清帮）、红帮（洪门）等旧社会三大江湖帮派的由来、发展和变革。

2 刘成勋故居

刘成勋故居位于古镇的下正街。故居门脸不大，仅有一个铺面的宽度，门匾上题写着“长乐永康”四字。铜门上的一对鎏金狮子门环平添几分威武和肃穆。沿着狭长的过道进入前院，随处可见富有川西特色的木雕和泥雕，图案内容丰富，工艺精湛，具有浓厚的传统审美韵味和川西民间特色。天井中阴凉静谧，屋外虽然骄阳似火，宅院里却不带一丝暑气。后花园直接与河流相连。

新场古镇

链接 **刘成勋小传**

刘成勋（1883—1944），字禹九，大邑新场镇下正街人。1905年于四川武备学堂毕业后，进入军界。曾先后担任同盟会会员、四川陆军第三军军长、川军总司令、四川省省长、国民革命军二十三军军长、陆军上将。刘成勋顺应历史潮流，在支持辛亥革命、平定康藏叛乱、参加反袁斗争中作出了一定贡献。

3 李氏古宅

李氏古宅，建于 1921 年。当地乡绅李怀芬对宅子的兴建极尽铺张，聘名泥工张文山师父掌脉，到处延请名工巧匠，设计构图，如正街铺面吊脚楼是按当时成都锦华街样式设计的，选用上好材料，历时 4 年多，直至 1925 年方才竣工。

在李氏古宅的精雕细刻里，最受人关注的莫过于门楹上的两幅图画。左边的图案是典型的东方文化的园林景色，亭台楼阁、古朴典雅；而右边对称的却是典型的西方文化的教堂式建筑，高楼尖顶，华丽庄严。一左一右，一东一西，看似完全不同的两种风格在讲求对称的中国建筑美学中居然显得如此和谐。100 多年前，就在这条街道上，来自全国各地的商人、外国传教士和当地居民在这里和谐共处。

点赞 @沧海探珠人 看到新场古镇四个字，我就感觉到这是一个非常特殊的古镇，这个古镇最大的特色用四个字来形容就在于它的“亦古亦新”。

4 壁山寺

壁山寺建于明朝万历年间，也被称为新场人的“感恩寺”。它是为了纪念当时的重庆壁山县令“李万春”而修建。

几百年来，该寺已成为新场人供奉神灵、祭祀祖先的场所。壁山寺格局虽小，但十分精致。琉璃飞瓦，雕栏玉砌，精巧的雕花，典雅的装饰，让古寺散发着浓浓的历史和文化气息。

攻略

新场每年逢农历七月初六举办壁山娘娘走娘家，由三仙观接回壁山庙的盛大庙会。会期中新场街上“十大行”商业，派会金请戏班（即川剧班子），在壁山庙演戏（又称坝坝会）。剧目内容丰富多彩，非常热闹。

链接 **李万春小传**

李万春，是四川资中县人，生于明朝末年，高中“榜眼”后任重庆壁山县令，因其政绩显著，被四川总督赞为“百县之楷模”。

5 川西坝子记忆馆

川西坝子记忆馆共有两层，主题有所不同。

一楼主题为“新场印象”主要展示的是新场古镇的历史沿革、民俗文化、农耕文化、市井文化、宗教文化、古建筑风貌以及人文历史等等，走进此间会让你在新场共享一场心灵之旅；二楼主题为《岁月留痕——来自加拿大的成都旧影》主题图片展，这些由100多年前来到成都的加拿大传教士用手中的相机记录的老成都故事，再现了19世纪末至20世纪50年代的老成都的风貌。

点赞

@钢琴师 第一次漫步在新场的古街、古道、古桥、古树之间，有一种穿越时光的感觉。站在古桥上，眼前“小桥流水人家”的美景完全出乎我的意料，那些极具明清风格的古建筑保存得如此完好，更让我感受到一种宁静和安详。

6 新场老唱片音乐博物馆

新场老唱片音乐博物馆，是中国唯一一个乡村老唱片音乐博物馆。这个博物馆位于新场古镇的正中央，原来是民国期间的一位李姓富商的豪宅。老唱片音乐博物馆，有保存完好的原版老唱片3000多张。以及各种关于音乐、唱机等的历史及实物展区，有反映西汉时期的音乐主题陶俑，还有解放战争时期的号角。此外，博物馆还设有邓丽君纪念厅。

博物馆的镇馆之宝为世界上最早的一批手摇大喇叭唱机。

攻略

在音乐博物馆，除了聆听音乐，了解音乐的发展史以外，游人可以在内设书吧里和中庭喝茶，品红酒，打秋千；也可以在这里的点唱机上点唱喜爱的歌曲；也可以和恋人在撒落着新鲜花瓣的条案前小酌，听老歌，一起度过一个难忘的夜晚。

点赞

@秋雨长林 音乐博物馆带给人的那份惬意和温情，将是你在其他任何地方都无法体会到的。

7 3+2读书荟

3+2读书荟坐落于新场古镇，是这个美丽小镇上的乡村图书馆。

3+2读书荟面积不足1千平方米，藏书却超过2万册。这里的图书全部来自爱心人士的捐赠，包括名人赠书、友情捐书和私人藏书捐赠。这里的工作人员大部分也都是志愿者，没有薪酬，全靠一份热爱支撑。在大家心里，这里不仅是一个图书馆，更是一个读书、分享和做公益的平台。

8 川王宫

川王宫位于虎跳河畔，距新场镇5千米，是明代先民缅怀李冰治水功德所建，以后演变为儒、释、道三教合一的庙宇，距今已有400多年的历史。川王宫目前免费对外人开放，有不少善男信女在此长期居住。

川王宫主殿供奉川王李冰雕像，配殿供奉文殊、普贤、吕纯阳、张三丰塑像。所有房屋全为木结构建筑，共80余间，总建筑面积1500平方米，其中主殿高约30米，四层木楼可依次而上，站在高层，可俯视对岸的虎跳河水电站，整座庙宇殿、楼、阁、榭、廊、厢房等建筑虽然陈旧，但雕梁画栋的精湛工艺、飞翠流丹的明代建筑风格依然非常鲜明。

攻略

住宿 驴友力荐的住宿地

新场古镇上旅馆众多，住宿十分方便。

永鹏客栈：永鹏客栈坐落于出江河畔。客栈是典型的民间空中四合院落，共三层建筑，可同时容纳80人居住、300人就餐，环境优美，是新场古镇现有接待量最大的客栈。

锦府驿乡村酒店：是一家以古蜀风韵为主题的精品文化酒店，坐落于新城古镇的核心景区九洞桥畔，是大邑首家五星级乡村酒店，由四重院落交错而成，古朴典雅，极具汉唐风格。

新场别院客栈：客栈是一处古色古香的四合院，小巧精致，淡雅清新，坐落于新场古镇最富有情调的二堰河畔。每日清波潺潺，久违了的市井之声不绝于耳，是找寻川西坝子文化的最好去处。

水车、石桥、老树……远离尘世的喧嚣，体味古镇的悠闲时光。

美食 饕餮一族新发现

新场古镇小吃一条街位于新场古镇李氏古宅旁边，主要由获得中华名小吃的“黄醪糟”统一经营，有伤心凉粉、担担面、三大炮、火锅粉、肥肠粉、冰粉等。除此之外，古镇上还有各种风格的酒店、农家乐等美食店可供选择。

何羊肉：位于新场古镇万源街上段32-34号，是一家经营羊肉的老店，羊肉汤特别鲜美，还可以挑选羊肉的部位，是一家吃羊肉的好去处。

老徐家豆花饭：位于新场古镇下正街126号，饭馆经济实在，生意相当红火，顾客相当多，吃饭要等候。饭店以传统的家常菜为主，辅以新场地方特色菜——新场血旺、麻油鸭等共计25个主要品种。

周血旺：是大邑新场地区的名小吃。周血旺的特点是工艺精细、鲜嫩味美、质优纯正、麻辣舒适，色香味一体，堪称精品。

购物 又玩又买嗨翻天

新场古镇的特产众多，在游玩时不妨选购作为纪念。新场古镇篾货，选用新场古镇本地产的上等竹子做原料，由代代相传的老手工艺人编织而成，主要有锅盖、菜篮、晾晒工具、各类手工艺品，等等。

古镇上还有各种方便携带的特色小吃出售。新场麻油鸭选用当地放养在出江河中的土鸭为原料，要经过三道工序，先用配置好的独家秘制卤料卤好，然后在经过油炸，最后再淋上麻油，吃起来肥而不腻，口感爽滑、麻酥。

黄糕的制作精选稻米和糯米，用最好的井水，把握好火候，颜色金黄发亮，无杂色。黄糕嫩而鲜，十分可口，甜度适宜，甜味扑鼻。

此外，新场豆豉因新场的好水好豆子以及独到制作工艺而出名，古镇小街上，随处可见豆豉店，远远就能闻到豆豉散发出的特有味道，都是先尝后买的，各种口味可供挑选。

娱乐 城市魅力深体验

壁山庙会：每年七月初六举办。庙会上平台会由许多青少年穿上古装，扮成一台台形象生动的剧中人物，站在有抬竿的方桌上，由四人抬着沿街游行；阴差会是由人装扮成奇形怪状的花脸，穿着红绿衣服列队游行以示娱乐。

春节“请神”：每逢春节，乡村中人们喜气洋洋，开展一年一度“请神”的娱乐活动，“粑粑神”就是其中的一种。人们在一起追逐嬉闹，逗趣取乐。此外还有请“七姑娘”“桌子神”“张道神”等，请的方式大同小异，目的是游戏取乐。

玩友：川剧坐唱，又叫“摆围鼓”。玩友的清唱剧目短小精悍，群众喜闻乐见折子戏。它一般都在茶馆清唱，俗称“板凳戏”。只能听声，无动作表演。也在逢年过节或庙会及神士人家的子弟完婚“花夜”时，被邀请去“摆围鼓，闹花夜”。

平乐古镇

中国十大古镇之一

微印象

@沈公子 这里有历史悠久的古镇文化，沁人心脾的竹林小道以及各种各样的老成都小吃及工艺展示。蓝天白云，游人如织！

@小米的星空 平乐古镇，既能在平沙落雁惬意踩水，也能在金鸡谷飞檐走壁，还能在卢沟竹海骑车环游。夏季去平乐，让避暑变得花样百出。

门票和开放时间

门票：古镇免费游览，邛州园30元；金鸡谷40元。

开放时间：古镇全天开放，金鸡谷8:30~17:30，旅游旺季、周末延长30~60分钟。

进入景区交通

位置：成都市邛崃市平乐古镇。

1.自驾车：从成都市区沿着绕城高速—成温邛高速行驶至平乐收费站下高速，然后沿着寿高路行驶2千米即到。

2.班车：从成都市新南门汽车站坐车到邛崃汽车站，在站门口坐面包车就可到平乐镇。

景点星级

人文★★★★ 休闲★★★ 特色★★★ 美丽★★ 浪漫★★ 刺激★

平乐古镇是全国历史文化名镇，早在西汉时期就已形成集镇，迄今已有两千多年的历史，素以“秦汉文化，川西水乡”风情著称。古镇青山层叠，竹树繁茂，白沫江自西向北流经古镇，碧水萦绕，四季风景如画。巍然卓立于白沫江畔的千年古榕，极具川西风情的沿江吊脚楼，错落有致的临江水码头，保持完好的明清古街等等无不展现出川西水陆商埠的古老风韵。

1 秦汉驿道遗址

秦汉驿道遗址是当时由成都通往少数民族地区的交通要道之一，为“南方丝绸之路”的起点。

遗址虽经历了千百年风雨剥蚀和人为的破坏，但尚保存着较为完整的一段。道路中央由大河卵石砌成一条笔直的中心线，两旁是用河卵石铺砌的路面，十分牢固，显示出当时设计施工者的智慧和匠心。

攻略

观音院位于秦汉驿道旁边，建筑虽然算不上气势磅礴，但颇为壮观，里面供奉有造型逼真的铜雕观音和观音的33种化身。登上别具一格的塔梯，拾级而上，平乐风景尽收眼底。

2 石板街—川西吊脚楼

古镇的白沫江畔纵横铺设了多条古石板街，其格局呈鱼骨状。包括长庆街、禹王街、清河街、字库街、八店街等 13 条青石铺就的小街长短不一、曲直有度，古老而雅致。

吊脚楼密集分布在古镇江畔，基本上都是晚清建筑，一般都是两层，上宅下店，木制穿斗结构，建筑风格十分鲜明，小青瓦、木本色、粉白墙和红砂石组成了吊脚楼的基本特征。房檐都牵了彩灯，一到夜晚，五彩的灯光将这些建筑的轮廓映得格外清晰，仿佛天上的凌霄宫一样金碧辉煌。

链接 乐善桥

秀美清澈的白沫江，发源于天台山玉宵峰。进入平乐，缓缓而行。你在船上看风景，看风景的人在桥上看你。泛舟白沫江面，成为了平乐古镇一幅诗意的画卷。“古镇标志之一”——乐善桥横跨约100米宽的白沫江，建于清同治元年，是一座七孔石桥。桥洞一改普通的半圆形，而采用桃形，十分罕见，在川西堪称一绝。

③ 邛州园

邛州园位于白沫江畔，建筑全部为木式结构，集川西古建筑、民俗文化和民间艺术于一体。其中民俗文化陈列馆收集了少数民族服饰、生产工具、历史文物等，民俗歌舞演示厅现场表演川西民间舞蹈及山歌对唱等节目。

④ 花楸山

花楸山位于平乐古镇西边，山间茂林修竹，素有“乡土人家，世外桃源”的美誉。

花楸山层峦叠翠，树木葱茏，溪流淙淙，这里有康熙御赐“天下第一圃”的花楸贡茶，有曲径

平乐古镇

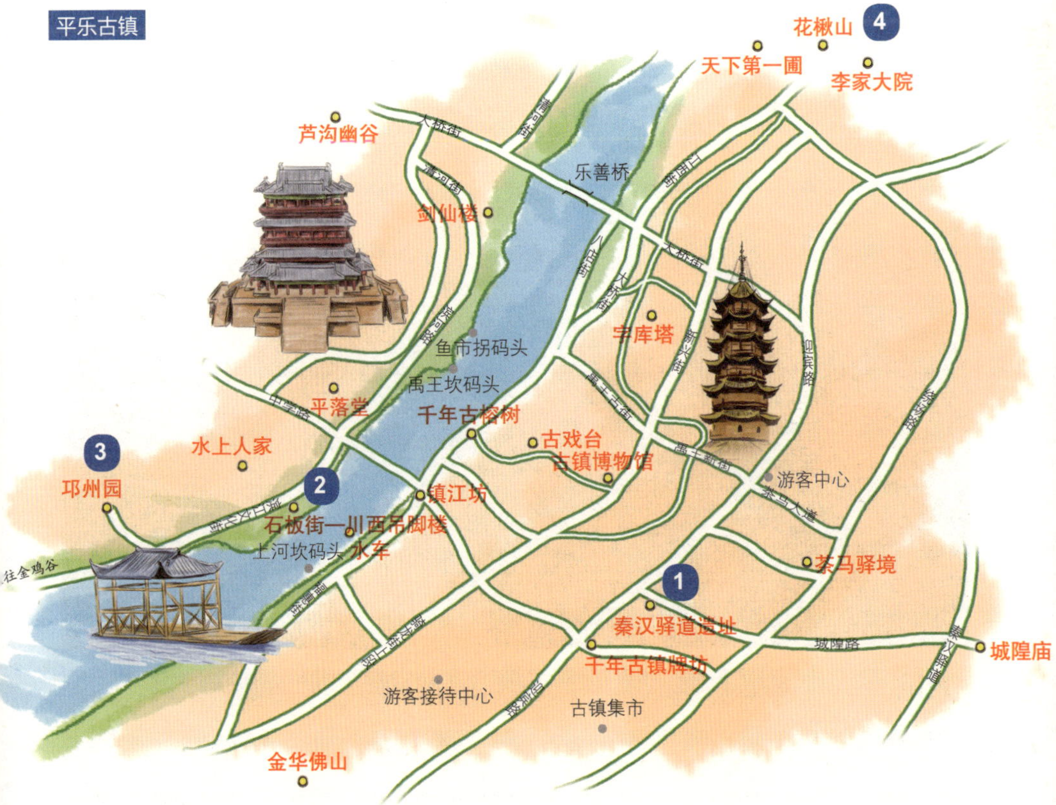

通幽的万亩竹海，有心旷神移的十里长廊，还有神秘莫测的官田溶洞。在山间，以光绪亲赐“皇恩宠锡”御匾的李家大院为代表的清代古民居群，至今依然保持着百年以前的原始风貌。零星散落于竹林深处的川西民居，构成了这里浓郁的乡土特色。纯朴的百姓躬耕田陇，辛勤劳作，过着恬静、惬意的农家生活。

点赞 @三大大小姐 炎夏之中，花楸山可以说是宾客盈门。听风赏月，品茶啖食，享受不可多得的清幽，花楸，是山也是茶，更是一种挥之不去的闲适。

链接 李家大院

李家大院是清代商人李洪楷历时56年建成，是邛崃目前保存最完好、建筑面积最大的清代民居，具有典型的川西民居风格。现存光绪“皇恩宠锡”等匾额和大量古农具、古造纸和婚嫁等用具。

5 金鸡谷

金鸡谷山清水秀，竹林茂盛，山川俊朗，怪石突兀，依托崎岖的山势和优美的自然风光，谷内建成了一流的金鸡谷户外运动基地。这里不仅打造了当时全国第一高空窄底峡谷旅游索桥，而且建成了西南首条“铁道式攀登”户外运动项目，经过探索、徒步和攀登，可以在户外天堂中回归自然、释放激情。

此外，金鸡谷还有世界最大规模的当代山体壁画，总面积达 3000 余平方米。历时两年精心绘制完成。壁画不仅采用了西方油画的笔法和色彩运用，更融入了东方传统绘画的技法以及文化元素，为原本单一的运动场所平添了时尚色彩。

攻略

金鸡谷内有两条分别长达5400米和2800米的徒步线，邀上三五好友，一边欣赏山间美丽风景，一边逐级登梯，登上山顶，俯视山间风光，美不胜收。全程徒步需要1~2个小时。

攻略

住宿 驴友力荐的住宿地

古镇住宿条件便捷，除一般的连锁酒店，星级酒店外，古镇上还有一些颇具特色的住宿旅馆可供选择。

顺和园客栈：背靠邛崃山，侧依白沫江，门对金华山，有山有水有灵气。顺和园客栈是典型的川西民居——“四合院”龙门子，天井、阁楼、水池，错落有致。建筑具有古典民居特色，一砖一瓦一木都是精心设计和搭配。客栈设备设施齐全，客房舒适温馨。电话：18982213111。

成都古坊·HOME客栈：位于平乐古镇金河村五组25号，是一家在百年老宅基础上融合了中西风格，带有田园风情的乡村小酒店。电话：028-88781655。

购物 又玩又买嗨翻天

古镇的特色产品主要有农夫手工茶、根雕、木刻、手工蓑衣和瓷胎竹编等，它们有的远销国外。其中，瓷胎竹编是成都地区的地方独特手工艺品，起源于清代中叶，当时主要用做贡品。产品技艺独特，以精细见长，具有“精选料、特细丝、紧贴胎、密藏头、五彩图”的特色。产品包括从簸箕、背篓、竹筛等日常工艺品到工艺繁复的瓷胎花瓶、茶具、酒具等。

娱乐 城市魅力深体验

平乐古镇兴乐桥头种有两棵黄桷古树，是古镇最经典的风景。古树树龄高达1500年，树冠遮天蔽日，抬头望去，两树的枝叶若绿云一样在天空聚拢。在树荫下，打牌的、按摩的，叫卖声、吆喝声，彼此起伏，给幽静的古镇带来了热闹。

另外，在平乐场口古桥下，有一百年铁匠铺，常年风箱声呼呼，炉火照天地，打铁声砰砰，火星四溅，堪为“古镇一绝”。

古镇在白沫江畔设有多座码头，乘坐颇具特色的游船缓缓漂流在江上，除了能观看两岸的美景，还可以欣赏到山歌表演。

古镇的古戏台在节假日期间会上演精彩的川剧，川剧演员身着古朴鲜艳的服装，拖着川剧独特的唱腔，让人沉醉其中。

街子古镇

美丽的怡养小镇

微印象

@海莱阿莫石都伊洛施锐娜 街子古镇的晚上真的很美很美，古旧的房屋，加上明亮的月亮，这个是我在成都没办法看到的，脱离城市的喧嚣，只享受前面古镇后面山的感觉。

@余岁柏 街子古镇大街小巷，细水长流；商铺林立，特产众多；千年古树，历史悠悠；尤其令人难忘的是充满生活气息的雕塑，吸引了很多游客拍照留念。

门票和开放时间

门票：免费开放。时间：全天开放。

最佳游览时间

每年5月份，街子古镇迎来了西川圣水节，以纪念伟大诗人屈原。仪式结束后，可以进行街头泼水狂欢。

进入景区交通

位置：成都市崇州市街子古镇。

1.班车：从成都金沙车站乘公共汽车至古镇，每日16班车，时间从8:30~17:40，约半个小时一班。

2.自驾车：出成都西门，经成温邛高速公路，到崇州出口下高速，然后再经锦江、元通镇到街子镇，也可从成灌高速或“成都—青城山”快速通道到终点，经大观镇前往街子。

景点星级

人文★★★★　休闲★★★★　特色★★★　美丽★★★　浪漫★★　刺激★

街子古镇是五代后蜀时期永康县的县治所在地，距今已有一千多年历史，曾经是上通少数民族，下连川西平原的繁华古镇。

如今景区内古街道纵横交错，两旁的建筑朴素小巧，反映了西南小镇的典型风貌。悠久的历史给这里留下了丰富的古迹，字库塔、唐公祠和光严禅院等无不留下几多神奇，几许沧桑。此外，古镇两山相环，味江河穿镇而过，山借水光，水映山色，自然风光也让人流连忘返。

攻略

古镇周边遍种兰花，街巷民居随处可赏兰草倩影，可闻兰花幽香。每年的1月下旬都会举办盛大的兰花节，除了可以欣赏各个品种的兰花外，还能观看精彩的文艺演出。

1 银杏广场

银杏广场是游览古镇的起点，位于古镇中心。这里虽然面积不大，却是古镇举办大型活动的主要场所，也是重要的游客集散地。

广场设置了大量供游人休息的生态长凳，并悬挂有古镇综合游览图，方便游人第一时间了解街子的布局。广场西侧有一座“5·12”地震纪念馆，在里面可以了解到大地震前后的街子，以及崇州人民面对灾难时不屈的脊梁。

链接　银杏广场的由来

广场得名于五棵珍贵的银杏树。中央四棵每棵直径达1米，高20余米，一字排开，茂盛挺拔，甚为壮观；东南角的仿古牌坊旁还有一棵，沧桑遒劲，姿态优美。这五棵古银杏已有一千多年的树龄，相传是街子历史上著名的“一瓢诗人”唐求亲手种植。银杏树每年都结出大量的果实，不过为了保护这千年遗迹，古镇的人们从不采摘树上的白果。

2 字库塔

字库塔是收存和焚烧字纸的专用设施，古人有“敬惜字纸”之风，古镇字库塔建于清咸丰二年（1852年），为六角五级攒尖楼阁式，通高20米，砖石中空结构。外壁浮雕刻绘《白蛇传》等戏文片段和山水花卉，为川西地区仅存的精美字库，成为了古镇的标志性建筑。

3 唐公祠

唐公祠修建于清道光年间，为纪念唐代著名诗人唐求。门前立有一块“唐诗人唐求故里”石碑，叙述了唐求的生平，字体刚劲有力。旁边塑有一座唐求雕像，雕像手执诗瓢，伫立江边，似在吟咏千古流传的诗韵。

链接 一瓢诗人

唐求在中国诗歌史上被称为“一瓢诗人”，“瓢”即是葫芦。他写诗有一个习惯，每写完一首，便随手扔进随身携带的大葫芦。后来他年老卧病，把诗瓢投入味江河中，幸被岸边居民捡起，可惜的是仅余留35首半诗。其余诗作皆被江水浸坏。这35首半诗被全录于《全唐诗》第724卷，自成一卷。

4 味江景区

味江景区位于千年古镇的味江岸边，面对笔架山，上起御龙桥下至古码头，依地势特征和人文典故而巧妙设置了古乐园、陆游诗歌园、川西农耕园和水木闲庭等四大主题景观。

整个味江景区打造面广而不失自然，主题别致而相互呼应，大小适中，布局合理，动静结合，融民俗文化与历史文化于其中。竹林古木森森，味水拍着古韵，身边蝉噪鸟鸣。亲山、亲水拥抱自然，玩智力、玩运动享受快乐，画在眼中，人在画中。

5 凤栖山

凤栖山景区山幽林秀，百鸟啾啾，如和凤鸣，山中深藏的光严禅寺，因留下明代皇帝朱元璋出家踪迹，拥有旷世珍宝《洪武南藏》而有“西川第一天”之誉。

景区内拥有千亩古森林和梅花寨。森林深处，有唐求骑牛吟诗踪迹，古柏、古楠、古杉、古银杏参天蔽日；梅花寨区，有陆游寄怀咏梅遗香，红梅、乌梅、绿梅、蜡梅暗香浮动，着实令人流连忘返，在千枝疏影浮暗香的梅海中，梅花寨欧式风格的寨楼和点式别墅，把寨园装点得别具情调。